예스 8,

평화의 노래

예스 8, 평화의 노래

발행일	2018년 3월 26일		

지은이	임 동 훈		
펴낸이	손 형 국		
펴낸곳	(주)북랩		
편집인	선일영	편집	권혁신, 오경진, 최예은, 오세은
디자인	이현수, 김민하, 한수희, 김윤주	제작	박기성, 황동현, 구성우, 정성배
마케팅	김회란, 박진관, 최승헌		
출판등록	2004. 12. 1(제2012-000051호)		
주소	서울시 금천구 가산디지털 1로 168, 우림라이온스밸리 B동 B113, 114호		
홈페이지	www.book.co.kr		
전화번호	(02)2026-5777	팩스	(02)2026-5747

ISBN	979-11-6299-044-5 04230(종이책)	979-11-6299-045-2 05230(전자책)
	979-11-5987-557-1 04230(세트)	

이 도서의 국립중앙도서관 출판예정도서목록(CIP)은 서지정보유통지원시스템 홈페이지(http://seoji.nl.go.kr)와 국가자료공동목록시스템(http://www.nl.go.kr/kolisnet)에서 이용하실 수 있습니다.

(주)북랩 성공출판의 파트너

북랩 홈페이지와 패밀리 사이트에서 다양한 출판 솔루션을 만나 보세요!

홈페이지 book.co.kr · **블로그** blog.naver.com/essaybook · **원고모집** book@book.co.kr

예스 8,

평화의 노래

임동훈 지음

헌금 없고 조직 없고 권세도 없는 교회를 섬기며
오직 하나님의 뜻에 따라 집필 중인
전 10권의 『예스』시리즈 그 여덟 번째 이야기
- 교회 개척을 시샘하듯 찾아든 경제적, 신체적 고난과 맞서다!

북랩 book Lab

글머리에

이제『예스 8, 평화의 노래』를 부르며 예수나라 옴니버스 8번째 여행을 이어가고 있다.『예스 9, 기쁨의 향연』과『예스 10, 별들의 고향』까지 계속 달려갈 것이다.

'네 성 안에 평화가 있고, 네 궁궐 안에 평화가 있기를!' (시편 122. 7)

요즈음 일본군 위안부 피해자들의 명예와 인권 회복을 위해 곳곳에 세워진 '평화의 소녀상'을 볼 수 있다. 단발머리 소녀가 두 주먹을 불끈 쥐고 눈물을 흘리며 맨발로 의자에 앉아 있다. 평생 풀지 못한 한이 서린 모습이다.

그리고 소녀상의 왼쪽 어깨에 새가 앉은 모습도 조각되어 있다. 새는 세상을 떠난 피해자들과 현실을 이어주는 매개체를 상징한다. 또 소녀상 옆에 놓인 빈 의자는 이미 세상을 떠났거나 밖으로 드러나지 않은 피해자를 위한 자리다.

일제강점기 우리 민족은 평화를 박탈당한 채 폭력과 착취에 몸부림칠 수밖에 없었다. 재산은 물론이고 몸과 마음, 민족 자존심까지 다 빼앗기고, 울 밑에 선 봉선화처럼 울분을 삼키며 숨을 죽였다.

한편 조국을 배반하고 민족을 배신한 자들은 호의호식하며 진수성찬을 누렸다. 부귀영화와 공명을 맛보며 승승장구했다. 그들에게는 하늘이 준 기회였고 세상이 제공한 평화였다. 그렇게 그들은 평화를 외치며 출세가도를 달렸다.

'팍스로마나'는 주전 1세기부터 주후 2세기까지 약 200년 동안 이어진 로마의 평화를 말한다. 그런데 과연 그때가 태평성대였던가? 그 평화는 지배자의 몫이었다. 피지배자는 여전히 폭력과 착취에 시달릴 수밖에 없었다.

사실 예수님도 바로 그 '팍스로마나' 시대에 십자가에 못 박혀 돌아가셨다. 로마의 평화를 추구하는 권세에 의해 예수님뿐만 아니라 숱한 사람이 십자가를 지게 되었다. 평화를 위한 전쟁이나 전쟁을 통한 평화는 결코 합리화될 수 없다.

하지만 세상의 평화는 전쟁과 폭력을 수반할 수밖에 없다. 솔로몬 시대의 평화는 다윗 시대의 무수한 전쟁의 결과였다. 세상에서의 평화는 반드시 어느 한쪽의 희생을 요구한다.

그럼에도 주님이 주시는 평화는 세상의 평화와 다르다. 주님의 평화를 받아야 참 평화를 누릴 수 있다. 진정한 평화는 전쟁이 없는 상태가 아니라 모든 것을 주님과 함께 누리는 것이다.

'하늘에는 평화, 지극히 높은 곳에는 영광!' (누가 19. 38)

우리는 거짓과 위선으로 가득한 '팍스로마나'가 아니라, 예수 그리스도 안에 있는 참 평화의 파수꾼으로서 '피스메이커(Peacemaker)'가 되어야 한다.

'내 영혼의 그윽이 깊은 데서 맑은 가락이 울려나네.

하늘 곡조가 언제나 흘러나와 내 영혼을 고이 싸네.

평화, 평화로다. 하늘 위에서 내려오네.

그 사랑의 물결이 영원토록 내 영혼을 덮으소서.'

여러분에게 우리 주 예수 그리스도의 평화가 언제 어디서나 항상 함께 하기를 빈다.

건전한 교훈은 복되신 하나님의 영광스러운 복음에 맞아야 합니다. 나는 이 복음을 전할 임무를 맡았습니다. (디모데전서 1. 11)

2018. 3. 18

예수나라 청지기

『예스 1, 휴먼 드라마』

『예스 2, 소망의 불씨』

『예스 3, 밀알의 소명』

『예스 4, 희망의 나래』

『예스 5, 광야의 단비』

『예스 6, 영성의 바다』

『예스 7, 자유의 다리』

예스 8, 평화의 노래

제36편

갈 길 멀어도

1111. 길은 멀어도

오랜만에 상쾌한 아침을 맞았다. 밥을 먹고 의자에 기대앉았더니 식곤증이 찾아왔다. 자리에 눕자 금세 환상이 보였다. 그리고 잠시 눈을 떴다가 다시 환상을 보았다.

어느 메마른 광야에 내가 서 있었다. 사방을 둘러보아도 풀 한 포기 없는 황량한 들판이었다. 그런데 내 뒤쪽에서 물이 흘러나오기 시작하였다.

마치 어느 한 곳에 소나기가 집중적으로 내리면서 빗물이 작은 도랑을 만들어 흐르듯 그렇게 졸졸졸 흘러왔다. 물의 양은 그리 많지 않았으나 사방에서 작은 물줄기를 이루며 빈틈없이 흘렀다.

하지만 그때 비는 내리지 않았다. 그리고 물의 색깔도 이상하였다. 수채 구덩이에 고여서 썩은 소 오줌같이 검붉고 탁했다. 보기만 해도 진저리가 났다.

기분이 언짢아 환상이 맞는지 정신을 가다듬고 다시 보았다. 모든 것이 또렷하여 틀림이 없었다. 잠이 들지 않은 상태여서 더 이상 의심의 여지가 없었다.

그래서 그 물이 언제나 멈출까 하고 지켜보았더니, 뒤에서 쉬지 않고 흘러나와 앞으로 끊임없이 흘러갔다. 그렇게 3시간이 지나 자리에서 일어나려고 하였다.

그때 장면이 바뀌면서 다시 환상이 보였다. 여전히 메마르고 황량한 들판에 내가 서 있었다. 그런데 이번에는 앞에서 물이 흘러오고 있었다.

그것도 수정같이 맑고 깨끗한 물이 메마른 광야의 대지를 흠뻑 적시며 흘러왔다. 수량도 처음보다 많았으며 광야의 갈증을 말끔히 해소할 듯하였다. 기분이 상쾌하였다. (2010. 8. 3)

1112. 회복 탄력성

'크고 높음'이라는 최종 결재권자가 지출 결의서로 보이는 서류에 결재하는 모습이 보였다. 그리고 서류 뒤에 첨부된 납품 조서에 도장을 찍다가 나를 보더니 대신 찍으라고 하였다.

그래서 책상 위에 수북이 쌓인 납품 조서를 하나씩 넘기며 도장을 찍기 시작하였다. 조서 아래쪽 우편과 좌편에 각각 3개씩, 모두 6번을 찍었다.

그리고 얼마의 시간이 지나서 나는 내 일을 하였다. 어느 날 내 전임자로 보이는 '권세 받음'이 말을 타고 다가와 안부를 물었다.

"잘 있었어?"

바로 그때 '크고 높음'이 또 찾아왔다. 그는 늘 바쁜 듯이 보였다. 잠시 일을 보고 갔다가 다시 돌아와 일을 보고 떠나곤 하였다.

'크고 높음'이 지난번에 결재한 지출 결의서 금액을 송금하기 전에 영수증을 미리 받은 것으로 보였다. 그런데 그 영수증 뒷면에 일일이 사인을 하였다.

사인인지 그림인지, 아무튼 무슨 비표 같은 것을 붓으로 물감에 찍어 그렸다. 그것도 영수증 뒷면이 가득 찰 정도로 크게 그렸다.

언뜻 보니 의관을 갖춰 입은 선비가 책상다리를 하고 앉아 있는 것 같았다. 또 으뜸 '종(宗)' 자를 형상화한 그림처럼 보이기도 하였다. 보는 각도에 따라 다양한 모습으로 비쳤다.

아무튼 '크고 높음'이 능수능란한 솜씨로 그렇게 그림을 그렸다. 그때 '권세 얻음'이 붓을 달라고 하여 대신 그리기 시작하였다.

하지만 누가 봐도 어설프기 짝이 없었다. 그러자 '크고 높음'이 빙그레 웃으며 다가와 머리와 갓, 아래쪽 다리까지 보완하여 그려 주었다.

그렇게 몇 장을 고친 후 다시 붓을 넘겨주며 마무리하라고 하였다. 하지만 여전히 '권세 얻음'이 그린 그림은 어설프게 보였다.

지출 결의서 결재가 끝나고 납품 조서의 확인도 모두 끝났다. 영수증까지 미리 받아 비표까지 끝내자 비로소 모든 과정이 마무리된 듯하였다.

그러자 '크고 높음'이 서둘러 떠나며 나에게 한마디 하였다.

"이제 출납계에 갖다 주도록 해!" (2010. 8. 12)

1113. 성품 담금질

지난주 예배에는 한 성도라도 있었지만, 오늘은 그마저 없어 맥이 풀렸다. 교인 없는 교회에서 예배를 드린 적이 어디 한두 번이던가? 하지만 이번에는 왠지 허전하고 쓸쓸하였다.

지난 8개월 동안 우리 교회를 섬겼던 집사님이, 그 부모님이 섬겼고, 그도 50년간 섬긴 본교회로 돌아갔기 때문이다. 하지만 오히려 잘된 일인지도 모르겠다.

불과 얼마 전까지 신앙적으로 패닉 상태에 빠졌던 그가 이만큼 회복된 것도 하나님의 은총이다. 우리가 보기에 기적이었다. 우리가 해야 할 일은 거기까지라고 여겨졌다. 사실 나는 보수하는 사역자로서 회복시켜 되돌려주는 은사가 있다.

신앙인의 모습이라곤 찾아볼 수 없었던 그가 하나님의 은혜로 그만큼 새롭게 되지 않았는가? 술과 담배를 삼가고 다방 출입을 금하며, 새로운 가정을 꾸미기 위해 다양한 채널로 맞선을 보고 있다.

술만 마시면 다른 사람과 살아가는 이혼한 부인의 집을 찾아가 행패를 부리는가 하면, 교회 목회자 가족까지 힘들게 하는 등 숱한 난관이 있었지만, 이제는 다 지나간 일이 아닌가?

난생처음이라는 새벽예배를 몇 달 동안 빠짐없이 드리면서 날마다 눈물로 회개하지 않았는가? 그런 그가 이제 정신을 차리고 본 교회로 돌아간다고 하니 누가 말리겠는가?

더욱이 그가 본 교회로 돌아가게 된 동기가 아버지 장로님과 형제자매들의 권유라고 하니 말이다. 며칠 전 그 교회를 섬기는 재정 집사님이 찾아와 그 사유를 들려주었다.

"지금 우리 교회 난리입니다. 내년이면 장로님 2명이 은퇴하고 1명만 남는데 그 뒤를 이을 사람이 없어요. 임 집사도 그렇지만, 박 집사도 목사님과 싸우고 나간 뒤 교회에 나오지 않잖아요? 이제 나 하나만 남았는데 나도 어머니가 다니는 교회에서 오라고 난리예요. 새벽마다 내가 돌아오기를 위해 합심으로 기도한다고 해요. 어머니가 다니는 본 교회로 돌아와 장로가 되라고 말입니다. 이 교회 저 교회가 모두 장로 될 사람이 없어 난리입니다."

그 집사님 또한 자기 동네에 다니던 교회를 그만두고 8㎞나 떨어진 면 소재지 교회에 다니고 있다. 당시 교역자였던 전도사님과 다투고 나왔다고 하였다.

그런데 이제 교회에서 재정까지 맡고 안수집사까지 되었으니 더욱 돌아가기가 쉽지 않았다. 교회들이 마치 장로 후보자 쟁탈전을 벌이는 듯하였다. 농촌에 젊은 사람이 없어 빚어지는 해프닝이다.

새벽예배를 드리고 잠시 누웠다가 비몽사몽 가운데 환상을 보았다. 자리에 눕자마자 화장지 박스 모양의 네모난 성냥갑에서 연기가 나고 있었다. 속에서 불이 붙는 듯하였다. 자칫하면 내가 있는 방에서 폭발할 것 같았다.

"빨리 밖으로 던져!"

다급한 내 목소리를 듣고 '거룩한 우편의 영'이 헐레벌떡 다가왔다. 그런데 그 성냥갑이 움직이고 있었다. 강아지 목에 매달려 있었기 때문이다.

그때 강아지가 여기저기 돌아다녔다. 강아지를 잡아 목줄을 풀어줄 시간적 여유가 없어 당황스러웠다. 그 와중에서도 나는 여전히 방 한쪽에 누워 있었다.

"빨리 붙잡아 던져!"

그러자 '거룩한 우편의 영'이 그 강아지를 붙잡아 교회당 담벼락 아래로 집어 던졌다. 그리고 모두가 숨을 죽이고 지켜보았다. 얼마나 큰 폭발력을 보일지, 우리에게 피해가 없을지 그것이 관심사였다.

하지만 강아지의 목숨은 아랑곳하지 않았다. 불이 스스로 꺼졌는지 연기조차 나지 않았다. 얼마 후 강아지가 슬금슬금 걸어 나오고 있었다.

그런데 그 모습이 이상하였다. 하반신, 즉 배 아래쪽 부분과 뒷다리의 털이 거의 보이지 않았다. 강아지도 그 모습이 부끄러운 듯 다소곳이 고개를 숙이고 살금살금 걸어 나왔다. (2010. 8. 15. 주일)

1114. 인생 환승역

집에서 키우는 개 한 마리가 머리를 흔들며 괴로워하는 모습이 보였다. 무슨 일인가 싶어 살펴보려고 개에게 손을 내밀었더니 짜증을 내면서 달아나 버렸다.

그때 개 입에서 무엇인가 들락날락거리는 모습이 보였다. 어찌 보면 무슨 짐승의 꼬리 같기도 하고, 어쩌면 개 신체의 일부분이 목구멍에 매달려 있는 것 같기도 하였다.

굵기는 손가락만 하고 길이는 20cm쯤 되었으며 털이 숭숭 나 있었다. 이빨로 물어뜯어 자를 수도 없었고, 그냥 두자니 거치적거려서 어려움을 겪는 듯하였다.

그러다가 캑캑거리며 무엇을 토하는 것 같더니 입에서 고깃덩어리 하나가 떨어져 나왔다. 그러고 보니 무슨 고기를 먹다가 목구멍에 걸렸던 것이다.

그런데 그 토한 것을 다시 먹으려고 입에 물었다. 하지만 쉽게 씹히지도 않고 삼켜지지도 않자 다시 내뱉었다. 미련이 남아 계속 이리저리 굴리며 물었다가 뱉어내곤 하였다.

그때 개 주변에 연한 쇠고기로 보이는 살코기들이 던져지는 모습이 보였다. 개가 어쩔 줄을 몰라서 이리 뛰고 저리 뛰며 주워 먹기 시작하였다.

그리고 보니 우리 집 마당에 대형 버스가 한 대 들어와 돌려나가고 있었다. 앞뒤가 탁 트인 부엌 옆을 통해 자동차가 지나다닐 수 있었다.

우리 집은 앞마당과 뒤뜰이 넓어 무슨 환승역으로 보였으며, 모든 사람과 자동차가 자유롭게 드나들며 쉬었다 갈 수 있었다. (2010. 8. 16)

1115. 불만의 먼지

아버지와 함께 예배당 안에서 먹고 자며 지냈다. 그러다가 밖으로 나가보니 화창한 날씨가 우리를 맞아주었다. 실제로 우리 집은 예배당과 울타리 하나만 사이에 두고 있었다.

그때 친구 하나가 관리기를 몰고 담장 밖에 있는 자기네 밭을 갈기 위해 작은 돌다리를 건너가는 모습이 보였다. 뒤쪽으로 새 길이 나기 전까지 우리 집으로 들어오는 출입구가 거기 있었다.

이제는 그곳에 작은 하수구가 하나 있었고, 하수구 위로 작은 돌다리가 놓였는데, 그 돌다리 밖으로 나가면 바로 그 친구네 밭이었다. 하지만 통로는 없어진 지 오래되었고 담장만 열려 있었다.

"아, 그리고 보니 이게 얼마나 오랜만인가? 우리가 살던 집 마당은 굳을 대로 굳었으니, 이제 관리기로 갈아엎고 밭으로 사용해야겠다."

그 친구가 관리기로 밭을 갈기 시작할 때 나는 우리 집 마당에서 오줌을 누기 시작하였다. 바싹 마른 땅에 빙빙 돌아가며 오줌을 누었더니, 오줌이 떨어지는 곳마다 먼지가 부석부석 일어났다.

작은 거름이라도 골고루 되었으면 하는 생각에 그런 유치한 짓을 하였다. 그리고 마당에 흩어져 있는 나무토막과 빈 그릇 등을 치우기 시작하였다.

그때 한쪽 구석에서 낑낑거리는 소리가 들렸다. 뒤로 돌아가 보니 어린 강아지 두 마리가 묶여 있었고, 어미 개 한 마리도 옆에 있었다.

얼마나 굶었는지 허기지고 지친 모습이었다. 그것도 오뉴월 땡볕에 물 한 모금 마시지 못한 채 버려져 있었다. 강아지가 안절부절못하고 왔다 갔다 하면서 낑낑거렸고, 어미 개는 그저 하얀 먼지만 일으키며 그 자리를 맴돌았다.

"이런, 그동안 개가 있다는 사실조차 까맣게 잊고 있었어!"

그러면서 옆을 보니 언젠가 개를 옮겨놓기 전에 두었던 것으로 보이는 밥그릇 두 개가 있었다. 그 속에 퉁퉁 불었다가 바싹 말라 비틀어져 달라붙은 보리밥 찌꺼기가 몇 톨 남아 있었다.

다른 그릇에는 더욱 바싹 마른 음식 찌꺼기가 밑바닥에 조금 붙어 있었다. 우선 그거라도 좀 주어야겠다는 생각이 들어 강아지 앞에 갖다 놓았다. 어린 것부터 먼저 허기를 면하게 하기 위함이었다. 어미 개에게 조금 미안한 생각이 들었다.

그때 가장 시급한 것은, 밭을 갈기 위해 마당에 있는 쓰레기를 치우는 게 아니라, 개에게 물부터 주는 일이었다. 타들어가는 땡볕에서 얼마나 목이 말랐을지, 생각만 해도 사지가 부들부들 떨렸다. (2010. 8. 17)

1116. 이상과 현실

어느 한적한 곳에서 설교자를 초대했더니 화물차를 몰고 왔다. 시간이 촉박하여 도로 가운데 있는 좁은 공간, 곧 빗금이 처진 부분에다 급히 차를 세우고 들어왔다.

강단에 선 설교자의 모습이 무슨 철학자나 사상가, 혹은 다른 종교의 도를 닦는 사람처럼 보였다. 세련된 수염에다 복장까지 특이하여 묘한 분위기를 연출하였다.

그가 한참 설교를 하다가 들어가더니 원숭이 분장과 복장을 하고 나왔다. 외모만 보면 영락없는 원숭이었다. 그리고 강단에서 내려와 의자 사이를 오가며 설교하였다.

그때 느닷없이 그의 아내와 아들딸이 강단에 나타났다. 그의 아내는 황금으로 수놓은 왕비 옷차림을 하고 있었으며, 그의 아들과 딸은 왕자와 공주의 복장을 하고 사뿐사뿐 걸어 나왔다.

얼마 후 그들이 모두 안으로 들어갔다. 그리고 그가 인품이 고상한 학자나 선비 같은 모습을 하고 나타났다. 설교 한번 하는데 세 번에 걸쳐 자신의 모습을 바꾸었다. 그가 자기 스타일을 바꿀 때마다 설교가 더욱 세련되어 갔다.

그런데 이번에는 설교를 하다가 말고 창밖으로 나뭇단을 하나씩 집어 던졌다. 몇 차례 던지다가 말했다.

"아래쪽 공간이 20㎝ 정도밖에 안 되니, 혹시 지나가는 아이라도 맞는 날이면 큰일이 날 수도 있을 거야."

아무튼 그렇게 그날 설교가 끝나고 다음 날이 되었다. 그가 떠나려고 하여 배웅을 나갔다. 도로 가운데 세워진 그의 차를 보니 급히 세우고 들어온 듯 앞바퀴가 한껏 비틀어져 있었다. 그 차를 끌고 나와 도로변에 세웠다.

그때 그가 여기 설교하러 오면서 계약을 했다고 누가 일러주었다. 그래서 계약서를 확인하고 사인을 해주어야 했다. 그런데 계약서를 보니 계약자와 계약 기간만 기록되어 있을 뿐, 당사자인 설교자의 인적 사항은 비어 있었다. 그야말로 설교자를 백지로 위임한 계약서였다.

그러고 보니 그가 자신의 인적 사항을 기록해도 계약 기간이 남아 떠날 수 없었다. 계약 기간이 3월 16일로 되어 있어 15일 후에나 떠날 수 있었다. 그날이 3월 1일이었기 때문이다. 그래서 우선 그가 타고 온 차를 아래쪽 잔디밭에 안전하게 세워 두었다.

그로부터 며칠 후 아침 일찍 일어나 세수를 하려고 시냇가로 내려갔다. 그를 비롯하여 여러 사람이 이미 세수하러 와 있었다. 그런데 물가에서 다리를 벌리고 엎드려 세수하다가 밟고 있던 돌멩이가 미끄러져 왼발이 빠졌다.

그리고 오른발이 빠지더니 무릎까지 빠지고, 나중에는 온몸이 거꾸로 엎어졌다. 그렇게 우여곡절을 겪으며 세수를 마치고 강에서 올라왔다.

그때 그와 이런저런 얘기를 나누다가 보니, 그가 큰 땅을 가지고 있다는 사실을 알게 되었다.

"큰 산을 가지고 있다고요?"

"음, 35정쯤 되지."

"35정이나요?"

"그런데 맹지라서 길이 없어."

"그래도 조금 쓸 수 있는 땅이 없을까요?"

"무엇을 하려고?"

"기도원 같은 공동체 시설을 하나 세웠으면 싶어서요."

"좋지, 좋아! 그런 일이라면 좋고말고! 그런데 차가 들어갈 수 있을지 몰라."

"일단 들어가 보다가 못 들어갈 것 같으면 후진해서 살살 나오면 되지요."

"하지만 한번 들어가면 못 나오게 될지도 몰라."

"그래도 괜찮으니 한번 가보도록 하시지요." (2010. 9. 10)

1117. 종교 약장수

언젠가 무슨 사유로 어떤 사람에게 400만 원을 받았으나 100만 원의 미수금이 여전히 남아 있었다. 그리고 세월이 흘러 여종과 함께 시장을 갔더니, 그가 리어카에서 가판을 벌여 장사하고 있었다.

그는 젊고 날렵한 청년을 고용하여 장사하고 있었는데, 그에게 모든 것을 맡긴 듯하였다. 혹시 잊지나 않았을까 하여 조심스럽게 물어보았다.

"전에 미수된 것이 있지요?"

"예, 잘 알고 있습니다."

그때 리어카 옆에서 일하고 있던 청년이 리어카 앞으로 다가와 돈궤를 열면서 말했다.

"얼마였죠?"

"100만 원짜리 수표 4장을 받았으니 100만 원 남았죠."

"그 수표 좀 보여주시겠어요?"

"그러죠."

당시 수표를 받아서 그대로 봉투에 넣어 두었다. 그런데 막상 꺼내보니 금액이 달랐다. 어느 것은 130만 원, 어느 것은 170만 원, 이런 식으로 금액이 다른 수표가 들어있었다.

'아니, 어쩐 일인가? 그사이 새끼를 쳤나? 이자가 붙었나?'

하면서 살펴보니 수표 4장이 모두 10원짜리 단위까지 찍혀 있었다. 처음에 받을 때는 분명히 100만 원짜리 정액 수표였는데 정말 이상한 일이었다.

'아니, 수표 금액이 왜 다르지? 에라 모르겠다. 아무튼 나는 500만 원만 채워 받으면 되잖아?'

그리고 가지고 있던 수표를 한 장씩 되돌려주기 시작하였다. 그때 내 눈이 휘둥그레졌다. 마지막 4번째 수표의 금액이 100만 원 단위가 아니라 1,000만 원 단위로, 그 금액이 무려 5,400만 원이 넘었다. 갑자기 욕심이 생겼다.

'아니, 이럴 수가? 어떻게 이런 큰 금액이? 그래, 사실은 이 수표를 넘겨주지 않아도 돼. 이것은 내가 전에 받은 그 수표가 아니야. 내가 받은 것은 분명히 100만 원짜리 정액 수표였어. 맞아, 맞고말고! 내게는 아직 5,000만 원이 넘는 빚이 있어. 이 돈으로 그 빚을 모두 갚자!'

그래서 결국은 그 수표를 넘겨주지 않았다. 그게 전부라고 거짓말을 했다. 그러자 그 청년이 뭔가 이상하다는 듯 한참 계산을 하더니 동전을 한 움큼 집어 주었다.

그대로 양복주머니에 받아 넣고 서둘러 시장 안으로 들어갔다. 그런데 그때부터 내 양심이 울부짖기 시작하였다. 무엇을 해도 마음이 편치를 않았다.

'혹시, 나 때문에 그들이 손해를 보지나 않았을까? 아니야, 그동안 하나님께서 나를 축복하신 거야. 그렇다면 그의 돈이 아니라 내 돈이잖아! 그래, 맞아! 그에게 받은 돈은 이미 오래되었어. 언제 어떻게 썼을 거야.'

이렇게 스스로 위로하며 평화를 찾으려고 하였다. 하지만 그러지를 못했다. 쿵덕거리는 내 심장의 박동을 나로서는 도저히 진정시킬 수 없었다.

시장 안 어느 건물에 들어가 볼일을 보고 나와 보니 어둑어둑하였다. 나도 모르게 가판대가 있는 곳으로 걸어갔다. 이미 가판대가 치워지고 보이지를 않았다. 그런데 길가에 그와 청년의 모습이 보였다.

"어휴, 다행이네. 다행. 아직도 저들이 저기 있었군. 그가 돈에 대해 말하면 무조건 돌려줘야지. '그렇지 않아도 가서 보니 수표가 있어 돌려주려고 왔습니다!'라고 웃으며 둘러대야지."

그러나 그들은 전혀 기색이 없었다. 아무 일도 없었다는 듯이 그저 밝고 명랑하게 인사하였다. 그러자 또 생각이 달라졌다.

'그러고 보니 이 수표는 내 것이 틀림없어! 그래, 내가 괜한 걱정을 했어. 그냥 빚을 갚으면 돼.'

그래서 결국은 거짓말조차 하지 못하고 버스정류장으로 걸어갔다. 그때 갑자기 하늘에서 소나기가 쏟아지기 시작하였다. 함께 가던 여종이 육교 아래로 몸을 피해 나도 따라 들어갔다. 하지만 우리 집으로 가는 버스를 타려면 육교를 건너야 했다.

마침 모래내로 가는 버스가 정류장에서 사람을 태우고 있었다. 비록 돌아가기는 하여도 그 버스를 타면 될 것 같았다. 하지만 타려는 사람들이 너무 많아 엄두를 내지 못했다. 다시 돌아서려는 순간 또 한 대의 버스가 도착하였다. 고양으로 가는 버스였다. 여종이 말했다.

"이 차를 타고 가다가 바꿔 타면 쉽게 갈 수 있어요. 어서 타요!"

그래서 고양으로 가는 버스를 탔다. 차 안이 너무 지저분하고 어두침침하였다. 1960년대 고물차로 보였다. 여종이 서둘러 뒤쪽으로 가더니 자리를 잡은 후 오라고 했다.

그때 여종과 평소 알고 지내던 여인이 반갑게 인사를 하며 여종 옆에 앉았다. 의자가 3인용이라 옆에 자리가 있었으나 그냥 앉기가 어색하여 어정쩡한 상태로 서 있었다. 순간 내 양심이 다시 나를 책망하기 시작하였다.

'그러고도 네가 하나님의 종이라고 할 수 있느냐?'

'아, 내 주 예수여! 그리고 보니 내주하시는 내 주 예수님의 뜻을 저버리고, 내 욕심대로 생각하고 행동하였습니다. 이 못난 종이! 이 위선자가! 이 거짓말쟁이가! 그 돈을 당연히 돌려줘야 했는데. 이제라도 가서 얼른 돌려줘야 해! 내가 내 주를 속이다니! 손바닥으로 하늘을 가리다니!'

"오, 주여! 내 주 예수님이시여! 이 부덕한 종이 나를 속이고 주님을 속였습니다. 욕심이 앞서 더러운 사탄의 하수가 되었습니다."

그러다가 그만 꿈에서 깨어나고 말았다. 현실로 돌아온 후에도 내 마음속의 고백은 계속 이어지고 있었다.

"안 돼! 안 돼! 안 되고 말고요! 다시 꿈을 꾸고 그들을 만나 돌려줘야 해요! 이름도 모르고 성도 모르지만, 반드시 돌려줘야 합니다! 저는 종교 약장수가 아닙니다! 오, 주여! 내 주여! 저를 도와주소서. 이번 한 번만 더 도와주소서. 제 마음을 개운하게 해주소서."

그때 시간을 보니 새벽 4시 18분, 알람이 울리기 직전이었다. 다시 잠을 자고 꿈을 꿀 시간적 여유도 없었을 뿐만 아니라, 다시 잔다고 한들 그들을 만난다는 보장이 어디 있겠는가? 현실적으로 다시 꿈을 꿀 수도, 그들에게 돌아갈 수도, 돈을 돌려줄 수도 없다는 생각에 정말 후회가 막심하였다.

"아직도 제게 그따위 더러운 욕심이 남아 있다니요! 이 더러운 종교 약장수야! 거짓말쟁이야! 위선자야! 사기꾼아! 오, 주여! 이 일을 어찌해야 좋단 말입니까?"

머리를 움켜잡고 쥐어뜯으며 후회하였으나 돌이킬 수 없었다. 진정한 회복은 불가능하였다. 이미 기차는 떠났고 물은 엎질러져 쓸어 담을 수 없었다.

그러고 보니 요즘 며칠 동안 참 회개에 대하여 가르치고 있었다. 진정한 회개는 마음으로 깨닫고 뉘우치며, 입으로 시인하고 고백하며, 온몸으로 완전히 돌아서, 인격적으로 변화를 받아, 물질적으로 보상하고, 양심적으로 거리낌이 없어야 한다고 주장했다.

그리고 이들 중에 하나라도 미흡하면 참 회개가 아니라고 가르쳤다. 정말 내가 위선자 중의 위선자요, 도둑놈 중의 도둑놈이었다. 그러니 내가 수표를 돌려주지 않고 어찌 온전한 회개를 이루겠는가?

서둘러 일어나 씻고 예배당으로 갔다. 새벽예배를 드리기에 앞서 자초지종을 아뢰면서 용서를 구했다. 부족한 회개에도 불구하고, 하나님께서 나를 용서하셨는지 평화가 찾아왔다. 하지만 나는 나 자신에 대한 배신감과 실망감으로 여전히 허탈하였다. (2010. 9. 14)

1118. 감사 교향곡

죄를 지은 탓으로 어느 골방에 갇혀 있었다. 공간이 좁아 누울 수도 없고 일어날 수도 없었다. 늘 쪼그리고 앉아 때가 차기를 기다렸다.

그러던 어느 날 내 몸을 전기톱으로 자르는 심판이 내려진다고 하였다. 모든 것을 체념할 수밖에 없었다. 그때 늘 나와 함께하며 나를 도와주는 분이 문밖에 서서 말했다.

"허리를 펴고 꼿꼿하게 앉아 기다려라."

그리고 그분도 내 옆에 서서 기다리고 있었다. 창살 안과 밖이라는 사실 외에는 다를 것이 없었다. 내가 앉은 위치와 약간 떨어져 수직과 수평을 이루었다. 그가 내 옆에서 나와 함께한다는 사실만으로 큰 힘이 되었다.

'그래, 의연하고 당당하게 심판을 받자. 내가 이 자리에서 죽어도 나로서는 더 이상 할 일이 없다. 더욱이 이 모든 것이 하나님의 뜻인 것을.'

얼마 후 심판자가 다가왔다. 왱왱거리며 돌아가는 전기톱을 들고 있었다. 창살 사이로 톱날을 넣어 나를 두 토막 내려고 하였다.

그런데 나와 나란히 서 계신 그분 때문에 심판자의 자세가 여의치 못했다. 더 이상 가까이 다가올 수가 없었다. 그래서 그분 옆에 서서 어정쩡하게 시도할 수밖에 없었다. 톱날이 내 등에 닿을 듯 말듯 아슬아슬하였다.

"오, 주여! 제 몸과 영혼을 주님께 부탁드립니다."

그때 심판자의 톱날이 내 머리 위에서 엉덩이까지 쓱 내려갔다. 양 어깨뼈와 허리 부분의 껍질이 살짝 잘려나간 듯하였다. 목숨만은 부지할 수 있을 것으로 여겨졌다. 옆에 있던 그분이 소리쳤다.

"어서 내 등에 업혀라! 병원에 가서 접합 수술을 받자!"

어느새 창살문은 열려 있었고, 나는 그분의 등에 업혀 있었다. 그때 그분 뒤에 한 자매가 보였다. '수어지교'이라는 친구였다. 내가 말했다.

"내 등에서 잘린 조각을 들고 따라와!"

그러자 자매가 즉시 내 등에서 떨어진 뼛조각과 피부를 주워들고 뒤를 따랐다. 이후 나는 완전히 나아서 퇴원하였다. 그러고 보니 뒤통수가 납작한 것이 가장 큰 은혜였다.

사실 내 뒤통수는 남들보다 유달리 납작하였다. 그래서 머리가 앞으로 삐죽 솟구치는 등 핸디캡이었다. 하지만 그것이 오히려 나를 살리는 방편이 되었다.

강아지 한 마리가 있었다. 너무 귀엽게 생겨 마치 딸을 보는 듯 정감이 느껴졌다.

"잘 있어."

그 강아지도 아쉬워하는 기색이 역력하였다. 우리 예배당처럼 보이는 바닥에 드러누워 억지로 잠을 청하는 모습이 보였다.

"저런, 바닥이 차겠구나."

가까이 가서 캐시밀론 이불을 접어 반은 바닥에 깔고 반은 덮어 주며 말했다.

"잘 자!"

그래도 그를 홀로 두고 간다는 생각을 하니 아쉬운 마음이 들었다.

"우리와 함께 집으로 갈까?"

그때 나를 돌아보니 내 마음이 주님의 마음으로 바뀌어 있었다. (2010. 9. 15)

1119. 명절 증후군

명절이 되어 본가에 갔다가 저녁에 돌아오면서 혼자 중얼거렸다.

'우리 명절의 의미가 너무 퇴색하고 말았어. 흩어져 사는 가족들이 모여 오순도순 정담을 나누기는커녕 오히려 갈등만 부추기는 자리가 되었어.'

아버지의 불신과 동생의 음주 찬사로 마음이 너무 아팠다. 물론 취기로 인한 일시적 현상이라는 사실은 안다. 하나님께서 바로잡아 주실 때가 있을 것이라 본다.

하지만 그에 대한 원인을 내가 제공하고 있다는 사실에 나는 몸 둘 바를 몰랐다. 사실 사람들은 누구나 보이는 현상을 중시하기 마련이다. 우리 가족도 예외가 아니라 나의 구차한 생활이 불신의 원인이었다. (2010. 9. 21)

1120. 호기와 용기

우리 가족에 대한 실망과 상심이 새벽까지 이어졌다. 주님의 영감이 나를 위로할 때까지 나는 내 무능함에 치를 떨었다. 속까지 매스꺼웠다.

'나도 한때는 내 어머니와 동생들의 불신으로 크게 상심한 적이 있었

다. 그런데 너라고 예외일 수 있겠느냐?'

"오, 주 예수님이시여!"

아침을 먹은 후 다시 자리에 누웠다가 꿈을 꾸었다.

3번에서 3번을 더한 6번의 여행을 하고 있었다. 3번의 여행은 이미 마쳤고, 3번의 여행은 아직 시작하지 않은 것으로 보였다.

이미 마친 3번의 여행은 모의적 시뮬레이션(simulation)으로 보였고, 남은 3번의 여행은 실제적 미션(mission)으로 보였다. 지난 3번의 티켓(ticket)과 남은 3번의 티켓을 보니 모양새와 성격이 확연히 달랐다.

얼마 후 나머지 3번의 여행이 시작되었다. 지난 3번의 여행은 내가 피동적으로 따라다녔으나, 이번 3번의 여행은 내가 능동적으로 리더를 하였다.

먼저 기차를 타고 육로를 여행한 후, 배를 타고 바다를 건너가기 위해 티켓을 구입했다. 구입한 티켓을 조회하였더니 '하나님의 뜻에 따른 미션'이었다.

여행 중에 이런저런 모습으로 여러 사람의 도움을 받았다. 친구들과 관련된 일에서는 '호기'가 도움을 주었고, 가족들과 관련된 일에서는 '용기'가 도움을 주었다. (2010. 9. 22)

1121. 독립 계획서

20년 동안 한우물만 팠던 전문가답게 총괄 예산을 담당하고 있었다. 집행에 차질이 생기지 않도록 계획에 따라 지원할 것은 지원하고, 통제할 것은 통제하여 가장 효율적으로 사용되도록 최선을 다해 예산을 운용하였다.

그때 파트(part) 예산을 담당하는 '재심(再審)'이 와서 말했다.

"인디펜던스 플랜을 가지고 있어?"

"그게 뭔데? 나는 가지고 있지 않아."

"인디펜던스 플랜이 있어야 하는데."

"우리는 배정 계획서만 보면 되잖아?"

"그래도 인디펜던스 플랜을 보아야."

"그러면 사업 담당이 가지고 있을 거야."

"그래도 인디펜던스 플랜을 보지 않고는."

그가 말한 인디펜던스 플랜(independence plan), 즉 독립 계획서가 무엇을 의미하는지 아무리 생각해봐도 알 수 없었다. 그렇다고 해서 물어보기도 어려웠다. (2010. 9. 23)

1122. 장애와 질병

추석 다음날 9월 24일부터 지옥의 고통이 시작되었다. 이제까지 겪어본 적이 없는 새로운 고문이었다. 그야말로 죽음에 이를 수도 있는 큰 고난이었다.

초저녁에는 허리 통증 정도로 생각되었다. 하지만 허벅지를 지나 종아리 아래 발목까지 이르는 통증이 절정에 이르면서 그야말로 하룻밤을 천 년처럼 보내게 되었다.

그뿐만이 아니었다. 왼발바닥 가운데가 쿡쿡 쑤시기 시작하더니 그칠 줄을 몰랐다. 가시가 박혔나 하고 살펴보았으나 겉은 아무 이상이 없었다. 그런데 속에서 압침으로 쿡쿡 찌르는 듯하였다. 그러다가 결국은 생살을 뚫고 피가 나왔다.

어느 누가 엎친 데 덮친다고 하였던가? 허리 통증에 이어 허벅지와 종아리, 발바닥 쑤심, 오른쪽 다리 절단 부위와 오른편 어깨와 팔의 저림까지 이어졌다.

그러다가 순간순간 따끔따끔하게 이어지는 전립선 안쪽의 찌름과 사타구니 안쪽의 끌어당김 등, 정수리부터 발바닥까지 편한 곳이 없었다.

'아, 이러다가 정말 죽을 수 있겠구나!'

이제까지 나는 죽음에 대해 그리 진지하게 생각하지 않았다. 날마다 죽음을 예비하는 사람이 행복하다고 말로만 가르쳤다. 나에게는 아직 저 멀리 있어 생각할 때가 아니라고 여겼다. 그러나 나도 갑자기 죽을 수 있다는 생각이 들었다.

그러고 보니 내가 우선적으로 해야 할 일이 생각났다. 그동안 지지부진한 4복음서 통합만이라도 완성해야 한다는 것이었다.

주후 150년경, 시리아의 한 신학자에 의해 편찬되었다가 5세기경 역사의 무대에서 사라진 통합 복음서를 내가 다시 편찬해야 한다는 것이었다. 어쩌면 주님께서 내게 주신 사명인지도 모른다는 생각이 들었다.

"오, 주여! 주님께서 선히 여기시고 제게 허락하신 일이라면, 이 세상에서 가장 읽기 쉽고 이해하기 쉽고 은혜로운 복음서, '예수 복음'을 편찬하게 하소서."

그렇게 시작된 고통이 금요일 밤이었다. 병원에 갈 수도 없었다. 토요일 밤까지 참고 견딜 수밖에 없었다. 다행히 이런 날에 대비하여 1주일분의 비상약을 준비하여 두었던바 찾아 먹었다.

평소 같으면 한 봉지나 두 봉지쯤 먹으면 어느 정도 진정되었으나 이번에는 달랐다. 한두 시간쯤 미적미적하다가 통증이 다시 찾아왔다. 저녁에 1봉지를 먹고, 밤 11시에 1봉지를 더 먹었다.

그리고 새벽 4시에 또 먹고, 아침 7시에 또다시 먹었다. 통증이 아니라 약물 중독으로 죽을 수도 있었다. 그야말로 '죽으면 죽으리라'하고 마지막 승부를 걸었다.

그렇게 3일 밤을 보내고 주일이 되었다. 다시 약을 1봉지 먹고 강단에 서기는 하였으나, 3일 동안 잠을 설친 탓에 정신이 어리벙벙하였다.

게다가 저림과 쑤심, 떨림의 여진이 계속 이어져 예배 분위기를 어수선하게 만들었다. 온몸을 비틀고 흔들어 보았지만, 효과가 없었다.

월요일 새벽예배를 마치고 일찌감치 포항 ○○병원으로 갔다. 허리와 목 디스크가 의심된다고 하여 신경외과에서 X-RAY와 MRI를 찍었다. 그런데 나이로 인한 퇴행성 외에는 특이 사항이 발견되지 않았다. 알약 3개가 든 2주일분 약만 받아서 돌아왔다.

밤이 되자 또다시 악마의 통증이 찾아왔다. 약을 먹어도 효과가 없었다. 후포 ○○의원에서 미리 지어둔 독한 약 1봉지를 먹고 잠을 청해 보았지만 몇 시간만 진통이 덜할 뿐이었다.

화요일이 되었다. 영해 ○○한의원으로 갔다. 일반적인 병이 아니라 복합적으로 생긴 병 같다고 했다. 통증이 심한 허리와 종아리에 다소간의 피를 뺀 후 침을 맞고 돌아왔지만, 그 또한 별무 효과였다. 오히려 침을 맞고 피를 뺀 부위가 성이 나서 부풀어 올랐다.

집에 돌아와 냉장고에 든 의약품 봉지를 뒤적여 보니 언젠가 주워 놓은 것으로 보이는 일제 한방 파스가 있었다. 종아리에 붙였더니 불이 붙은 것처럼 화끈거렸다. 독성을 빼느라고 그런 것이겠지 싶어 꾹 참았다.

아침에 일어나 떼어보니 종아리가 화상을 입어 꽈리처럼 부풀어 있었다. 손톱깎이로 구멍을 뚫어 물을 빼고 연고를 발랐다. 걸음을 걸으니 생살이 삐져나오는 것처럼 아팠다.

아닌 게 아니라 그곳에 구멍이 뻥 뚫어졌다. 온몸의 살이 손을 대지 못할 정도로 아팠다. 뱃가죽도 누가 잡아당기는 것처럼 느껴졌다. 독한 약을 너무 많이 먹어서 그런 것 같았다.

수요일과 목요일을 그렇게 보내고 금요일이 되었다. 발바닥 통증으로 지압 샌들을 치워버렸다. 미리 준비한 전기 뜸질기로 통증을 어느 정도 가라앉힐 수 있었다. 오랜만에 얼마간의 단잠을 잘 수 있었다.

하지만 종아리와 발바닥 통증, 전립선과 사타구니 거북함, 뱃가죽 당김과 새로 생긴 피부병 등이 여전히 고통으로 남아 있었다. 며칠 지나면 회복될 것 같았지만 여의치 않을 수도 있다는 생각이 들었다.

병의 원인을 알 수가 없어 더욱 힘들었으나 아무튼 이번 사건을 계기로 나도 부지런히 죽음을 예비해야 한다는 생각이 들었다. (2010. 10. 2)

1123. 침묵의 혈투

당번이 아니라는 이유로 일꾼들이 일하는 뒤편에서 잠을 자고 있었다. 편하고 좋기는 하였으나 한편으로 미안한 생각이 들었다.

그래서 일어나 일꾼들이 일하는 곳으로 문을 열고 들어가 보았다. 그러자 말은 하지 않았으나 모두 기다리고 있었다는 듯이 기뻐하는 모습이 역력하였다.

조금 일찍 배턴(baton)을 넘겨받은 나는 어디서 무슨 일을 해야 할지 몰랐다. 우선 눈에 보이는 대로 허드렛일을 하기 시작하였다.

그러다가 내가 할 일을 발견하였다. 모두 11개 아이템(item)이 내 앞에 놓여 있었다. 하지만 모든 것이 낯설기만 하였다. 그때 '영원한 사랑'이라는 자매가 다가와 말했다.

"다른 일은 별것 아니나 이 2개는 각별히 주의하세요."

그리고 가리키는 2개의 물건을 보니, 마치 랩(wrap)으로 돌돌 말아 싸놓은 사골 같기도 하고, 무슨 무릎의 뼈 같기도 하였다. 하지만 자세히 알 수 없었다. 그 자매는 내 전임자로 보였고, 나는 그 일을 대신할 후임자로 여겨졌다.

자매는 오랫동안 그 일을 했던 관계로 눈을 감고도 척척 할 수 있었으나 나는 그러지를 못했다. 모든 것이 생소하였다. 그 일이 무엇이며 어디서 어떻게 해야 할지도 몰랐다.

인수인계도 제대로 하지 않았다. 때가 되니 그냥 내가 해야 할 것으로 보였다. 게다가 국내에서 모두 해결될 일도 아니고, 외국에서 무엇인가 사와야 할 것으로 보였다. 외국어도 걱정이 되었다.

'아, 전에 하던 일은 내가 누구 못지않은 전문가였는데, 이 일에 대해서는 고문관이 되는구나. 나는 내 일에 대해 누구나 보고 할 수 있도록 세부적으로 편람을 만들어 두었는데, 이 일은 그러지를 않으니 어떻게 해야 좋단 말인가?' (2010. 10. 3. 주일)

1124. 탄식의 다리

나름대로 안정된 생활을 하고 있었다. 그리 크지는 않았으나 3층짜리 하얀 건물에서 일하였다. 활기차게 들락거리며 일하는 모습으로 봐서 어느 정도 보람을 느끼고 있었다.

특별한 어려움이나 부족함이 없었으며 행복하다면 행복한 것으로 보였다. 그런데 갑자기 내가 하는 일들이 아무것도 아님을 느꼈다. 한낱 쓰레기에 불과한 것으로 보였다.

그동안 노심초사하며 세운 교회 공동체도, 처음이자 마지막으로 지은 3층짜리 건물도, 수십 년 동안 공들여 다듬은 교훈집도, 사명 의식을 가지고 통합한 복음서도, 지난 50년간 내 생명을 지탱시켜 온 이 몸뚱이조차 부질없는 것으로 느껴졌다.

그야말로 우리의 인생이 먼지 같이 왔다가 안개처럼 사라지는 것으로 보였다. 모든 것이 너무 허무하다는 무력감이 나를 사로잡았다.

종아리의 근육통과 뱃가죽의 당김이 있었지만 다른 부위의 통증은 거의 가라앉았다. 그리고 발바닥에 옹이같이 딱딱한 것이 2개 생기더니 잘 걸을 수가 없었다.

가끔 콕콕 쑤시다가 구멍이 뚫리더니 결국은 출혈이 생겼다. 이른 아침 ○○병원 응급실을 찾았다. 의사가 보더니 의외의 처방을 하였다.

"낫고 있는 중이니 그냥 돌아가 연고를 바르세요. 주사를 맞아봤자 진통제 정도니 무슨 효과가 있겠어요. 그래도 정 안 되겠거든 근무 시간에 와서 정형외과로 가세요."

당연히 상처에 소독을 하고 연고를 바른 뒤, 주사를 놓고 먹는 약을 줄 것으로 생각했으나 그냥 돌아 나오게 되었다. 뒤에서 간호사들이 주고받는 소리가 들렸다.

"취소야!"

"알았어!"

그래서 응급실 병원비는 내지 않았다. (2010. 10. 4)

1125. 존재의 이유

높은 사람의 순시가 있다고 하여 모든 직원이 자기 사무를 정리하고 식사하러 갔다. 나와 보좌관이 최종 점검을 하면서 보니 다소 미흡한 부분이 있었다.

그것을 보완하고 있을 때 부서장이 사전 점검을 하려고 들어왔다. 보좌관이 선히 설명하고 양해를 구했다. 실무자로서 모든 것이 내 불찰로 비쳤다.

그때 내가 십자가를 짊어짐으로써 다른 직원들의 실수가 면책된다는 사실에 뿌듯함을 느꼈다. 그래서 모든 것이 내 실수였음을 인정하게 되었다.

그리고 식사하러 올라가면서 보니 길에도 약간의 문제가 있었다. 성격상 그냥 가지 못하고 길을 보수하기 시작했다. 콘크리트 바닥을 들어내고 통로를 만들어 장애물을 제거하였다. 반신반의하며 시작했으나 은혜롭게 마쳤다. 그때 어떤 자매가 다가와 내 일을 거들어주었다.

일이 끝나자 자매가 들통에 물을 담아다가 길을 깨끗이 씻어 내렸다. 지저분한 것이 말끔히 치워졌다. 그리고 식사하러 가면서 보니 시멘트 조각들이 아래쪽에 쌓여 있었다. 그마저 치울까 말까 하다가 그냥 올라갔다.

'공사 중이라는 사실을 알고 이것은 이해하겠지.'

비록 작은 일이었으나 다른 사람들을 위해 스스로 십자가를 졌다는 생각에 뿌듯함을 느꼈다.

어떤 사람을 보니 겉은 살아 있었으나 속은 죽어 있었다. 전능하신 분이 그의 속사람을 데려감으로써 겉 사람만 남았던 것이다. 목숨은 붙어 있었으나 생명은 떠나고 없었다.

그런데 문제는 대부분의 사람들이 그러한 자신의 처지를 모르고 산다는 것이었다. 나도 처음에는 반신반의했으나 그 내면을 들여다보고서야 비로소 알 수 있었다.

그리고 다른 사람을 보니 그야말로 식물인간이나 다름이 없었다. 육신은 살아 있었으나 그 속에 이성이 없었다. 그래서 그는 자기 외에 아무도 알아보지 못했다. 가끔 다른 사람을 인식하기는 하였으나 안중에도 없었다.

이어서 또 다른 사람을 보니 언뜻 보아서는 아무 이상이 없었으나 양심이 없었다. 그래서 그는 자신과 자기 가족 외에는 아무도 알아주지 않았다. 하지만 다른 사람들의 도움은 받고 있었다.

어느 날 보니 내가 큰 잘못을 저지르고 있었다. 내 속사람의 존재를 까맣게 잊고 살았던 것이다. 그래서 전능하신 분이 생명 없는 나의 분신을 하나 만들었다. 그러자 내가 둘이 되었다.

그는 살아 있는 모습만 있을 뿐 그 속에 생명이 없었다. 그야말로 인간 껍데기나 다름이 없었다. 그 존재를 보니 기가 막혔다. 하지만 보면 볼수록 너무 불쌍하였다. 끝없는 연민의 정이 일어났다.

'어휴, 저 인간을, 아니 내 아바타를 어찌해야 하나?'

그런데 내가 그러고 있는 사이에 그분이 또 하나의 나를 더 만들려고 하였다. 소스라치게 놀라 나도 모르게 소리를 질렀다.

"그만, 그만요! 제발, 이제는 그만요!"

그때 나는 생명 없는 내 존재가 하나 있는 것만으로도 큰 부담을 느꼈다. 생명 없는 고깃덩어리를 무시해도 좋았고, 거름더미에 던져버려도 괜찮았지만, 살아 있는 존재라서 너무 불쌍하였기 때문이다.

사실 나는 울며 겨자 먹기 식으로 나의 분신과 함께 지낼 수밖에 없었다. 나와 같은 인간이라는 이유로 끝없이 일어나는 그놈의 정 때문이었다.

그를 위한 희생이나 이웃을 위한 봉사를 뛰어넘어, 그야말로 하나님과 같은 큰 사랑이 없으면 나의 분신과 같이 살기는 불가능한 일이었다.

(2010. 10. 5)

1126. 우연과 필연

'손쉬운 규정 해석'을 찾아 순례의 길을 나섰다. 봇짐 하나만 달랑 지고 먼 길을 떠났다. 그는 오래전에 헤어진 사람이었다. 만날지 못 만날지 반신반의하며 걸음을 재촉하였다.

그가 식사 모임을 주선하고 있다는 어느 도시에 도착하였다. 무작정 식당가를 쭉 훑어보았다. 위에서 아래까지 쭉 찾아보고 다시 올라가며 살펴보았으나 그는 보이지 않았다.

그때 우연히 '사철 기쁨 가득'이라는 사람을 만났다. 그는 궁금한 것을 숨기지 못하는 성격의 소유자였다. 그가 나를 보더니 말했다.

"'손쉬운 규정 해석'을 찾는 거야?"

"예, 그런데 어떻게 아시고?"

"내 그럴 줄 알았지. 따라와 봐."

그래서 그를 따라 올라온 길을 다시 내려갔다. 맨 아래쪽에 있는 식당으로 들어갔다. 한번 쭉 훑어보았으나 역시 내 눈에는 보이지 않았다. 그때 그가 말했다.

"저기 테이블에 앉아 있잖아. 어서 가봐."

그리고 그는 슬금슬금 뒤로 나가버렸다. 과연 거기 '손쉬운 규정 해석'

이 대여섯 사람과 더불어 원탁에 빙 둘러앉아 차를 마시면서 담소하고 있었다. 반갑게 인사를 하고 자리에 함께 앉았다. 그때 그들의 식사는 이미 끝났다. 그가 말했다.

"식사해야지. 무엇으로 할까?"

내가 머뭇거리자 그가 다시 말했다.

"생선가스가 좋을 것 같군. 아저씨, 여기 생선가스 하나 추가요!"

얼마 후 생선가스 하나와 탕수육 하나가 나왔다. 나 외에 식사하지 않은 사람이 하나 더 있었다. 탕수육은 내 뒤쪽에 앉은 형제에게 전해졌고 생선가스는 내 앞에 놓였다.

그런데 음식을 먹으려고 하였더니 내 앞에 앉은 자매가 젓가락을 들고 먼저 먹기 시작하였다. 그래서 혼자 먹어도 양에 차지 않는 음식을 두 사람이 먹었다. 그때 음식에 사람의 머리털 같은 것이 감긴 것이 보였다.

"아니, 이게 뭐야?"

"아, 그거요? 생선에 붙은 것이라 괜찮아요."

생선의 잔가시처럼 보였다. 자매가 젓가락으로 생선을 발라 주었으나 음식을 먹을 맛이 뚝 떨어지고 말았다. 하지만 그 자매는 잘 먹었다.

그때 식당 주인으로 보이는 아저씨가 자장면 한 그릇을 종사자에게 건네주면서 말했다.

"오늘 자장면은 이것으로 땡이야."

주인이 바로 옆에 있는 것을 보고 내가 급히 말했다.

"아저씨, 여기 자장면 한 그릇만 주세요. 식사하지 않은 사람이 하나 있어서요. 부탁해요."

그러자 주인이 방금 자신이 했던 말로 인해 얼굴을 찡그리며 어색한 모습으로 나를 바라보았다. 그래서 내가 다시 말했다.

"저 멀리 경상도 산골짝에서 여기까지 올라왔어요. 저녁을 굶을 수는 없잖아요. 부탁해요." (2010. 10. 9)

1127. 주님 따르미

키가 훤칠하고 풍채가 우람한 목사님과 왜소한 사모님이 길가에 서 있었다. 무엇인가 골똘히 생각하다가 나를 쳐다보고 한마디 하였다.

"이러다가 임 목사님 들어가는 모습만 보고 우리는 뒤에 남는 것은 아닌지 모르겠어."

어쩌면 알 듯도 하고 모를 듯도 한 그 말을 듣는 순간, 그 목사님이 교환 목회를 생각하고 있다는 사실을 알았다.

"목사님, 목사님도 아시다시피 농촌 목회가 그리 쉬운 게 아닙니다."

그러자 그가 즉시 말하였다.

"아니야, 진지하게 한번 기도해 봐. 정말이야. 내가 사재를 털어서라도 도울 테니…."

그는 이미 어느 정도 마음을 굳히고 있는 듯하였다. 하지만 나는 더욱 어리둥절하였다. 그는 대도시 근교에서 어느 정도 안정된 교회를 섬기고 있었으나, 나는 교인 하나 없는 농촌에서 겨우 예배만 드리고 있었기 때문이다.

그리고 한편으로 나는 정경 복음을 통합하는 일과 경외 복음을 보편

화하는 일에 나름대로 사명 의식을 가지고 있었다. 그래서 조용한 농촌이 좋았다.

"오, 주여! 주님의 뜻이라면 그대로 이루어지기를 바랍니다. 이 종의 생각은 주님의 뜻대로 연기되거나 취소될 수 있습니다." (2010. 12. 7)

1128. 너울성 파도

새까맣고 반들반들한 쇠막대기에 스티커 3개를 붙여야 제대로 경기가 시작되었다. 일반적인 운동 경기가 아니라 치열한 생존 경쟁으로 여겨지는 무슨 경마처럼 보였다.

그런데 스티커를 2개를 붙이자 1개를 붙일 여유가 없었다. 너무 서두르다 보니 반듯하게 붙이지 못했다. 그러자 즉시 제동이 걸려 더 이상 앞으로 나아갈 수 없었다. 그 막대기로 인한 경기는 영원히 미결로 남을 듯싶었다.

그때 먼바다에서 너울성 파도가 밀려오더니, 사나운 물결이 내 방까지 들어왔다. 어쩔 수 없이 밖으로 나갔더니 내 주변의 사람들이 나만 남겨두고 다른 마을로 떠나려고 하였다. (2010. 12. 10)

1129. 허리를 펴야

어느 네모난 건물 안에 갇혀 있었다. 바늘귀처럼 생긴 좁은 문 하나만 보였다. 그 앞에서 서성거릴 때 식사를 마친 사람들이 밖으로 나가려고 한꺼번에 몰려들었다.

사람들이 뒤엉키면서 금방 아수라장이 되었다. 내가 먼저 밖으로 나가야 했지만 그럴 수가 없었다. 그 바늘귀문에 빗장이 3개나 걸려 있었기 때문이다.

그 옆에 작은 틈새가 있었지만, 머리를 내밀어도 못 나갈 것 같았고, 발을 먼저 내딛어도 못 나갈 것 같았다. 내 몸이 유연하지 못해 더욱 그랬다. 그렇다고 그냥 가만히 있을 수도 없었다. 바늘귀문을 내가 막고 서 있었기 때문이다.

'그래, 우선 내 뒤에 있는 사람들을 먼저 내보내고 나는 맨 나중에 천천히 나가도록 하자.'

이렇게 생각하고 자리를 비켜주고자 살펴보니 다행히 왼쪽에 선반 같은 것이 하나 있었다.

'옳지, 우선 저기 올라가서 사람들이 빠져나갈 때까지 기다리자.'

그리고 그 자리를 비켜서려고 하였으나 꼼짝달싹할 수가 없었다. 너무 많은 사람들이 뒤에서 밀었기 때문이다. 바늘귀문은 내 몸에 의해 아주 막혀 어디가 문인지 보이지도 않았다.

'아, 이거야말로 정말 진퇴양난이구나. 나도 못 나가고 다른 사람도 못 나가게 되었으니, 영락없는 율법학자 꼴이 되었어.'

급기야 뒤쪽의 사람들이 웅성거리기 시작하였다.

"왜 안 나가는 거야?"

"무슨 일이 있어?"

"빨리 나가!"

그래서 나도 소리쳤다.

"허리를 펴야 나가든지 말든지 하지, 젠장!" (2010. 12. 11)

제37편

세월의 강물

1130. 죽지 않은 죄

2011년 들어 수차례 의미 있는 환상을 보았지만, 통합 복음 편집에 매달려 글로 남기지 않았다. 얼마 전 자의 반 타의 반으로, 물론 이면에는 성령님의 인도하심이 있었다고 믿지만, 진주에 있는 기도원으로 갔다.

4월 초순에 2박 3일, 하순에 4박 5일, 도합 6박 7일간 기도원에 머물며 매일 서너 차례의 기도와 예배를 드리고 은혜를 받았다.

그러다가 4월 28일 새벽에 환상을 보았다. 눈앞에 걸린 대형 모니터에 '진노길 끝없이'라는 글이 나타났다.

'진노길? 아마 진주길이겠지.'

하면서 다시 보았으나 분명히 진노길이었다.

'진노길이 뭐지? 혹시 진도길의 오기가 아닐까?'

내 눈을 의심하며 다시 보았으나 진노길이 틀림없었다. 진주길도 아니고 진도길도 아니었다.

'진노길이라? 진노길, 진노길… 그렇다면, 진노의 길? 그것도 끝없이 이어지는 하나님의 진노길? 아, 세상에 이럴 수가? 이것이 정말 기도의 응답이란 말인가?'

그 순간 좌절과 원망에 휩싸이기 시작했다.

'이제까지 겪은 그 숱한 어려움도 부족하여 하나님의 진노가 끝없이 이어진단 말인가? 내 인생이 무엇이며 내 사역이 뭣이란 말인가? 이제는 나도 뭔가 해야 하고 받아야 하는 때가 아닌가?

그런데 이게 웬 날벼락이란 말인가? 안 돼, 안 돼! 절대 안 돼! 그럴 수 없어, 그럴 수 없어! 하나님의 진노는 더 이상 싫어! 이제는 정말 싫어!

끝나야 해, 끝내야 해!

아, 그러나 내가 무슨 수로 하나님의 진노를 막을 수 있단 말인가? 무슨 방법으로 하나님이 주시는 고난의 사슬을 끊을 수 있단 말인가?'

한참 동안 온갖 불평과 불만, 원망을 쏟아내다가 회개가 이어지기 시작하였다.

'그래, 이 모든 것이 다 내가 부족한 탓이지! 내가 잘못한 탓이야! 내가 죽일 놈이지! 내가 죽일 놈이야, 죽일 놈! 죽일 놈! 죽일 놈! 내가 누구를 탓한단 말인가? 내가 죽을 놈인 것을! 죽을 놈! 죽을 놈!'

그러다가 불현듯 나는 이미 죽은 자라는 사실이 떠올랐다.

"그렇지! 1992년 5월 초 어느 봄날 이른 새벽에, '이제는 네가 산 것이 아니다!'라는 주님의 음성을 듣고 나는 죽었지! 사실 그때 나는 이미 죽었어.

이후 나는 '나기사자 예수내주'를 신조로 삼았지. 신념으로 여겼지. 인생관이자 좌우명이었지. 휴대폰 전화에도 써 넣고 살았지.

그런데 나는 그걸 까맣게 잊고 있었구나. 아, 정말 그랬어. 그랬지, 이미 죽은 자가 살아서 펄떡거렸어. 이미 죽은 자는 더 이상 죽을 일도 없고 죽일 일도 없지. 모든 것이 끝난 자가 무슨 죽음이 또 있겠는가? 이미 죽은 자는 모든 것이 끝난 것을!

사실! 이미 죽은 자에게는 하나님의 진노도 의미가 없어. 살아서 날뛰니 하나님의 진노가 이어지는 거야. 오, 주여! 이 죽은 자를 불쌍히 여겨 주소서.

아니지, 아니야! 이미 죽은 자는 불쌍히 여김도 필요가 없어. 살아 있으니 문제가 생기고 문제가 생기니 긍휼히 여김을 받을 필요가 있는 거야.

그렇습니다, 주님! 저를 이미 죽은 자로 선포하신 주님을 찬양합니다. 이미 죽은 자에게는 하나님의 진노도, 사람의 불평이나 불만도 더 이상 의미가 없습니다. 이미 죽은 자가 제대로 죽지 않고 어설프게 살아 있어 하나님의 진노가 미치는 것입니다.

주님! 정말 그렇습니다. 이 시체 덩어리가 진즉에 죽었어야 했는데 그러지를 못하고 죽지 않은 죄를 범했습니다. 이제 온전히 죽어 주님의 뜻을 이루길 원합니다. 아멘, 아멘."

그러자 그때부터 감사와 회개의 눈물이 주룩주룩 쏟아지기 시작하였다. 새벽예배가 시작되기 전부터 시작하여 11시 정기예배를 드릴 때까지 계속 눈물이 흘러내렸다. (2011. 4. 28)

1131. 믿음의 장애

며칠 전에 보았던 '진노길' 환상이 계속해서 머리에 떠올랐다. 그러다가 내가 섬기는 믿음의 공동체에 눈뜬장님이 있다는 사실을 알았다. 그는 나와 가장 친한 사람이었다. 그때 이런 생각이 들었다.

'나는 사지가 불편한 불구자이고 저 친구는 당달봉사이니, 내가 과연 저를 인도할 수 있을까? 장애인이 장애인을 인도한다고 사람들이 비웃지나 않을까?'

그때 우리 주변에 둘러앉은 비장애인 가족들을 보니 어찌나 부끄러운지 몸 둘 바를 몰랐다. 우리의 모습이 너무나 안타까워 환상에 머물러

있을 수 없었다. 현실로 돌아와 기도하기 시작하였다.

"오, 주여! 이 종이 먼저 믿음의 눈을 뜨게 하시고, 저 친구의 눈도 뜨게 해 주십시오. 제가 믿음의 장애를 가진 탓에 모든 것이 부끄럽기만 합니다. 믿음의 장애를 먼저 극복시켜 주십시오."

이후 나는 아무 일도 손에 잡히지 않았다. 깊은 수렁에 빠진 기분이었다. 의미 있는 환상을 보고도 기록하기가 껄끄러웠다. 나와 가까이 있는 사람들이 모두 나를 어렵게 하였으며, 우리 교회를 어지럽히고 예배를 방해하였다.

오늘 아침에도 예외가 아니었다. 이 남자에서 저 남자로, 저 여자에서 이 여자를 거쳐 어려움이 확대되고 재생산되었다. 그때마다 사탄의 지능적 괴롭힘은 나의 소심한 믿음을 더욱 훼방하였다.

그러나 크고 놀라운 주님의 일을 수행하는 종이 언제까지나 실의에 빠져 있을 수 없었다. 더 이상 사탄의 괴롭힘에 휘둘려서는 안 된다고 믿어 다시 일어나 기도하게 되었다.

"오, 주여! 이제 더 이상 사탄의 계략에 넘어가지 않도록 믿음을 더하여 주십시오. 믿음의 장애를 극복하고 신앙의 눈을 활짝 뜨게 해 주십시오. 아멘." (2011. 5. 18)

1132. 모세의 기적

나름대로 열심히 일하고 있었다. 나보다 기수가 빠르다는 이유로 모두

회식하러 나가고 나만 홀로 남았다. 일은 내가 거의 다 하고 홀대받는 처지가 서러웠다. 하지만 그에 괘념치 않고 일을 마친 후 집으로 돌아가고 있었다.

길을 가다가 아래쪽 신작로를 보니 어두침침한 날씨에 흉용한 황톳물이 세차게 흐르고 있었다. 어른 한 키가 넘어 보였다. 평소 물이 차지 않던 도로라 몹시 당황스러웠다. 약간 경사진 길 아래쪽에 있는 우리 집이 걱정되었다. 거기 부모님이 살고 있어 더욱 조바심이 났다.

그래서 위험을 무릅쓰고 담대히 내려갔다. 신작로 가까이 이르자 위쪽에서 흘러오던 물줄기가 갑자기 줄어들기 시작하였다. 작은 도랑물처럼 졸졸졸 흐르다가 햇살이 쫙 비치면서 바닥이 말랐다.

정말 신비한 일이었다. 이스라엘 백성이 홍해를 마른 땅처럼 건넜던 기분이 그대로 느껴졌다. 한발한발 내딛는 순간 물이 줄어들면서 바닥이 드러나고 마른 땅이 되었던 것이다.

그렇게 잠시 후 집에 도착하였다. 아닌 게 아니라 우리 집도 예외가 아니었다. 방에 들어가 보니 아버지와 어머니가 물속에 잠겼다가 그제야 한숨 돌리며 말씀하셨다.

"아, 그놈의 물, 이런 일은 내 생전 처음이야. 그나저나 집을 팔려고 하였는데 어쩌지?"

그곳은 우리가 옛적에 살았던 집이다. 지금 부모님이 살고 있는 집은 1년에 12만 원 내는 사글세다. 한편 내가 사는 집은 텃밭을 포함하여 1년에 15만 원이다. (2011. 5. 21)

1133. 카사노바 죄

내 교과서를 분실하고 친구 교과서를 슬쩍하여 공부하고 있었다. 하지만 언제 내 책을 잃고 어떻게 친구의 책을 훔치게 되었는지 나도 몰라 궁금했다. 아무튼 나는 친구의 책을 가지고 공부하러 다녔다.

그리고 책을 잃은 그 친구가 궁금하여 곁눈질로 보니 그는 헌책을 구하여 가지고 다녔다. 책을 돌려주고 싶은 생각도 없잖아 있었지만, 그 기회를 놓쳐 마음은 불편하였으나 어쩔 수 없었다.

그러던 어느 날, 그 친구가 내 앞에 놓인 자기 책을 펼쳐보면서 말했다.

"내 책도 여기 이쪽에 빼곡히 적어 놓았거든."

사실 그 친구의 책은 특이한 점이 있었다. 공간을 거의 메우다시피 메모하였으며, 장과 절의 말미에 실린 예상 문제마다 동그라미를 몇 번씩 그려 놓았다. 누가 보아도 공부를 많이 한 흔적이 남아 있었다.

이리저리 책을 펼쳐보던 친구가 고개를 갸우뚱하며 다시 말했다.

"이 책이 내 책 같은데."

나는 변명할 여지가 없음을 깨닫고 스스로 고백하였다.

"맞아, 네 책이 맞아! 내가 주의 종으로서 카사노바(Casanova, 바람둥이)의 죄를 범했어. 부디 용서해 줘. 그런데 내 책은 어디로 갔지?"

"사물함에 있는 것 같던데."

"정말?"

그 말을 듣고 사물함에 가보았다. 그때까지 나는 사물함이 있다는 것조차 까맣게 잊고 있었다. 그 친구에 비해서 공부를 제대로 하지 않았다는 증거이기도 하였다.

사물함 한쪽 모서리에 딱 맞춘 듯이 내 책이 놓여 있었고, 그동안 내가 적어놓은 것으로 보이는 비망록까지 그 위에 가지런히 얹혀 있었다. 비망록 사이에는 언젠가 보았던 내 시험지까지 끼워져 있었다.

조금도 흐트러짐 없이 반듯하게 놓여 있는 것으로 보아서 언젠가 내가 챙겨둔 것이 분명하였다. 하지만 기억이 나지 않았다. 그것을 가지고 나오면서 보니 내 사물함 번호는 32번이고, 그 친구의 사물함 번호는 34번이었다.

그리고 서둘러 운동장으로 나갔다. 그사이에 조회가 시작되었다. 연단에는 훈시하는 분이 있었고, 아래쪽 양옆으로 선생님들이 쭉 서 있었다.

학생들이 대열을 갖춰 연단을 바라보고 서 있었다. 그때 나는 연단 뒤쪽 우측에서 학생들을 바라보며 천천히 내려갔다. 마음은 얼른 뛰어가고 싶었으나 육신은 그럴 수가 없어 안타까웠다. (2011. 5. 28)

1134. 트리오 친구

그리고 얼마 후 집으로 돌아가고 있었다. 저 멀리 큰 강 한복판에서 윈드서핑을 하는 젊은이가 2명 보였다. 그때 한 사람의 돛이 옆으로 기우뚱하더니 배가 뒤집히고 말았다.

"아니, 저걸 어째?"

하지만 다행히 그는 헤엄을 칠 줄 알았다. 잠시 물속에 잠겼다가 나오더니 재빨리 헤엄을 치기 시작하였다. 내가 서 있는 쪽으로 다가오며 손짓하였다. 그냥 가지 말고 기다리고 있다가 손을 잡아달라는 신호임을 금방 알 수 있었다.

아닌 게 아니라 내 앞에 있는 강둑을 보니 만만치가 않았다. 수심은 바닥이 보이지 않을 정도로 깊었고, 물도 깨끗지 않아 혼탁하였으며, 물속을 들여다보니 음침하고 사나웠다.

잠시 후 그가 강둑으로 다가와 손을 내밀었다. 그의 손을 잡아 끌어당기자 사뿐히 물 밖으로 빠져나왔다. 그가 조금도 거리낌 없이 말했다.

"옷 좀 벗어 줄래요?"

나는 당연하다는 듯이 윗도리를 벗고, 평소 성직자 옷처럼 입는 까만 셔츠도 벗었다. 그리고 바지도 벗으려고 내렸다. 그때 당연히 파자마를 입었으려니 생각하였는데 팬티만 입고 있었다. 더욱이 부끄러운 다리까지 드러나 얼른 다시 입었다.

그때 그와 나 사이에서 빙그레 웃으며 서 있는 사람이 있었다. 그 사람은 그와도 친구처럼 보였고 나와도 친구처럼 느껴졌다. 우리는 트리오(trio)를 이루며 자연스럽게 서 있었고, 오래된 친구처럼 다정다감하게 대화를 나누었다.

그 사람의 얼굴은 티 하나 없이 맑고 해처럼 밝았다. 보통 사람에게서 느낄 수 없는 이상야릇한 향기를 품고 있었다. 그 사람과 이야기를 나누는 동안 그의 옷이 어느 정도 말라 젖은 표시가 없었다. 옷을 벗어줄 필요가 없게 되었다.

그때 그 사람이 작은 전도지 같기도 하고 명함 같기도 한 것을 그와 나에게 건네주며 말했다.

"자, 그러면 이제 됐어요. 같이 예수 잘 믿으세요."

그 말을 듣는 순간 큰 부러움을 느꼈다. 나는 목사로서 명함을 가지고 있으면서도 주지 못했기 때문이다. 갑자기 내 부족함이 적나라하게 드러나면서 디모데후서 4장 2절의 말씀이 생각났다.

'그대는 어떤 형편에서든지 항상 말씀을 전하십시오. 끝까지 참고 가르치면서, 사람들을 책망하고 꾸짖어 올바로 살도록 권하십시오.' (2011. 5. 28)

1135. 조금 늦어도

오늘도 하루 일과를 마치고 기도하기 시작하였다. 새벽에 보았던 환상이 주마등처럼 뇌리를 스치며 지나갔다. 내 가는 길이 평탄치만은 않을 것으로 여겨졌다.

"오, 주님! 그렇군요. 소변을 보려고 밖에 나갔습니다. 비가 왔는지 마당이 질퍽했습니다. 장화를 신었지만, 푹푹 빠졌습니다. 발을 옮겨놓을 수 없었습니다.

그때 처마에 있던 어떤 사람이 제 손을 잡아주었습니다. 그의 도움으로 힘들게나마 마당을 빠져나와 집 모퉁이의 울타리에 이르렀습니다.

저만큼 앞에 재래식 화장실이 보였습니다. 하지만 울타리에 소변을 보려고 하였습니다. 그런데 울타리 밖에 지나가는 사람들이 있어 그럴 수 없었습니다. 화장실로 갔습니다. 화장실이 낭떠러지에 있었습니다.

소변을 보기 시작했습니다. 공중에 매달린 파이프에서 물이 쏟아져 나왔습니다. 저는 옆에서 지켜보고 있었습니다. 시원한 물줄기가 펑펑 쏟아져 내렸습니다.

소변을 보는 것이 아니었습니다. 파이프에서 그냥 물이 펑펑 쏟아져 나왔을 뿐입니다. 하지만 기분은 제가 소변을 보는 느낌이었습니다.

그런데 한참 잘 나오던 물이 찔끔찔끔 나왔습니다. 그것도 시커먼 먹물이 말이지요. 배관이 막혀 썩은 물이 힘들게 나오는 것처럼 느껴졌습니다.

그래서 제가 힘을 꽉 주었습니다. 그러자 다시 시원한 물줄기가 콸콸 쏟아져 나왔습니다. 그러기를 서너 번쯤 반복하였습니다.

소변을 거의 다 본 듯했습니다. 바지를 추스르고 길 위에 올라가려고 하였습니다. 그때 저만큼에서 화물차가 다가오고 있었습니다. 난간으로 바퀴를 바짝 붙여 다가왔습니다. 저는 낭떠러지에 매달려 있을 수밖에 없었습니다.

하지만 그 차로 인해 제가 피해를 입지 않을 것이라는 믿음이 있었던 바, 아무 걱정이 없었습니다. 그에 따른 불만도 없었습니다. 잠시 시간만 지체될 뿐, 조금 늦어도 괜찮다는 생각이 들었습니다. 화물차가 저를 지나가 멈춰 섰습니다.

먼저 오른쪽 다리를 난간에 걸쳐 올린 후 두 팔에 힘을 줘서 위로 올라갔습니다. 그때 화물차 운전사가 다가왔습니다. 그와 저는 아무 감정이 없었습니다. 서로 미워하거나 해코지할 생각은 추호도 없었습니다. 둘 다 편한 모습이었습니다.

오, 주여! 이 모든 것이 주님의 은혜가 아닙니까? 이 종을 이렇듯 지켜 주시고 보호하시니 감사합니다. 정말 백골난망입니다. 언제 어디서나 저와 함께하시는 주님을 영원히 찬양합니다. 아멘." (2011. 6. 13)

1136. 진심으로

저녁기도 시간이 되어 예배당으로 들어갔다. 자리에 앉자마자 나도 모르게 내 입에서 찬송이 흘러나왔다.

"신자 되기 원합니다. 진심으로, 진심으로
신자 되기 원합니다. 진심으로
진심으로, 진심으로
신자 되기 원합니다. 진심으로⋯."

그래서 앞으로 나가 반주기 스위치를 올리고 찬송가를 틀었다. 볼륨을 은은하게 낮추고 한 곡 반복 버튼을 누른 후 다시 자리에 앉았다.
"주여, 제가 주의 종이기 전에 참 신자 되기 원합니다. 진심으로, 진심으로⋯."
그때부터 1시간가량 '진심으로'를 계속 불렀다. 감동이 북받쳐 올랐다. 나도 모르게 눈물이 주르륵 흘러내렸다. 깊은 감동에 사로잡혀 찬송을 부르다가 보니 어느새 신자(信者)가 신자(新者)로 바뀌었고, 신자(新子)가 다시 신자(神子)로 바뀌었다.

"신자(信者) 되기 원합니다. 진심으로, 진심으로⋯."
"신자(新者) 되기 원합니다. 진심으로, 진심으로⋯."
"신자(神子) 되기 원합니다. 진심으로, 진심으로⋯."

그리고 '진심'이 '믿음'으로 바뀌었다가, 다시 '진심'으로 돌아가 있었다.

(2011. 6. 20)

1137. 인자하심이

새벽기도 시간에 예배당으로 들어갔다. 어제저녁에 받은 찬송의 은혜가 너무 커서 다시 부르려고 한 곡 반복 버튼을 눌렀다.

그런데 어찌 된 영문인지 다른 곡조가 흘러나왔다. 언젠가 많이 부르던 익숙한 성가였다. 조금씩 따라 부르기 시작하였다.

"우리에게 향하신 여호와의 인자하심이

크고 크도다. 크시도다.

크고 크도다. 크시도다.

우리에게 향하신 여호와의 진실하심이

크고 크도다. 크시도다…."

반복해서 계속 부르다가 보니 어느새 내 눈에 눈물이 또 고여 있었다. 눈을 떠보니 6시 20분을 지나고 있었다.

'그러고 보니 100분 이상 부르면서 주님의 은혜를 받았군.'

그때 두루마리 화장지가 내 앞에 있었다. 누군가 갖다 놓은 것이 분명하였다. (2011. 6. 21)

1138. 하나님 사랑

예수나라 공동체 인프라를 구축하기 위해 땅을 구입하였더니 계획 관리 지역의 토지 임야였다. 그런데 그 땅이 온통 아가페(agape, 하나님의 사랑)로 덮여 있었다.

카펫처럼 가지런히 깔린 하나님 사랑을 보고 예수나라의 토대가 하나님의 사랑임을 깨달았다. (2011. 6. 28)

1139. 잠재적 우물

열대야로 밤새도록 뒹굴뒹굴하다가 새벽녘에 환상을 보았다. 화이트보드 왼편의 1/3 정도가 낡아 우편의 2/3만 사용하여 성경을 가르치고 있었다.

어느 날 한 자매가 다가와 보드 왼편을 건드리자 가까스로 붙어 있던 조각들이 일시에 쏟아지고 말았다. 그러자 보드 안쪽의 흙이 속살처럼 드러났다. 걱정이 앞섰다. 그 보드를 임대하여 사용하고 있었기 때문이다.

우선 그 보드 주인을 확인하여 보았더니 '권세와 영광'이라는 청년과, '닐리리 누스'라는 사람의 공동 소유였다. 어찌해야 좋을지 난감했다.

그러다가 얼마 후 다시 환상을 보니 화이트보드가 수리되어 교회당 외벽에 붙어 있었다. 하지만 어설프기 짝이 없었다. 누더기처럼 느껴졌다.

이 환상을 보고 새벽에 잠시 묵상했지만 무슨 의미인지 알 수가 없었다. 다만 분명한 사실은, 한 자매가 내 일을 방해하고 있다는 것과, 나는 그걸 운명으로 받아들이고 있다는 점이었다.

"오, 주여! 이것이 한 개인에 의해 한 사람을 방해하는 것일지라도, 사탄에 의해 하나님을 훼방하는 것이 아니기를 바랍니다. 하지만 주님의 뜻이라면 누가 감히 돌이킬 수 있겠습니까?

그럼에도 주님께서 선히 여기시면, 이 부족한 종을 위하는 길이 되게 하실 수도 있고, 합력하여 하나님의 영광을 드러낼 수도 있습니다." (2011. 7. 3)

1140. 산 자의 특권

허기지고 지친 몸으로 겨우 집에 도착했으나 집이 텅 비어 썰렁하기 그지없었다. 우선 내 민생고부터 해결하기로 했다. 다행히 전기밥솥에 밥이 있어 허겁지겁 먹고 다시 밖으로 나왔다.

마당 한편에 작은 울타리가 있었다. 그 안에 개가 두 마리 있었다. 하나는 조금 컸고 하나는 작았다. 조금 큰 개는 말뚝에 묶여 있었고, 작은 개는 풀어져 있었다.

그런데 그 꼴이 말이 아니었다. 큰 개는 얼마나 굶었는지 뱃가죽이 등짝에 붙었고, 작은 개는 앞발과 뒷발에 수갑이 채워져 있었다.

얼마나 배가 고팠는지 큰 개가 작은 개를 잡아먹으려고 하였다. 이리 뛰고 저리 뛰며 서로 쫓고 쫓기다가 2마리가 다 지친 듯하였다. 작은 개가 잔뜩 겁을 집어먹고 한쪽 구석에 처박혀 있었다.

그 모습을 보니 2마리 다 애처롭기 그지없었다. 큰 개의 민생고도 시급해 보였지만 작은 개의 상태가 더 위급하였다. 수갑을 차고 쫓겨 다니다가 보니 잔뜩 조여들었기 때문이다.

아니게 아니라 예리한 칼날 같은 것이 살을 파고들어 피가 나고 있었다. 우선 작은 개를 들어내 살평상 위에 눕혔다. 그리고 열쇠를 찾아 수갑을 풀어주었다. 고통에서 벗어난 개가 너무 자유롭고 평화로워 보였다. 그 기쁨이 내 기쁨인 양 나도 기뻤다.

그때 우리 집 일꾼이 도착하였다. 나보다 나이가 조금 많았으나 서로 예하는 사이였다. 그가 겸연쩍게 말하였다.

"읍내에 가서 자전거를 고쳐왔습니다. 사람들이 우리 공동체에 차가 있으니 연락하라고 하였으나 제가 그냥 왔습니다. 그래서 좀 늦었습니다. 감사합니다."

그리고 화장실 쪽으로 털레털레 걸어갔다. 그가 진심으로 감사해서 감사한다고 하는지, 아니면 배가 너무 고파서 그러는지 알 수가 없었다.

'일꾼이 제때 식사를 하지 못해 배가 고픈 것이 아닐까? 그렇다면 일꾼에게 밥부터 챙겨주어야 한다. 그런데 어떡하나? 밥은 내가 먹다가 남은 것 조금밖에 없으니. 굶주린 개에게도 주어야 하고."

그러면서 그를 찾아보니 어디를 갔는지 눈에 띄지 않았다. 그래서 결심했다.

'그래, 우선 내가 먹고 남은 밥을 개에게 주고 전기밥솥에 밥을 새로 하자. 그 사이에 그가 와서 배가 고프다고 하면 라면이라도 넉넉히 끓여주자. 알고 보면 민생고도 산 자의 특권이 아닌가?' (2011. 7. 11)

1141. 알아차리기

나름대로 열심히 살던 형제가 자리에서 일어나지 못한 채 엉금엉금 기어 다니고 있었다. 의아하여 살펴보니 이게 웬일인가? 오른쪽 다리는 아예 없고 왼쪽 다리마저 상처가 깊어 손으로 붙잡고 있었다. 허벅지의 상처가 시커멓게 움푹 들어간 것이 예사롭지 않아 보였다.

게다가 그의 형제와 자매들까지 모두 닭장 같은 곳에 처박혀 있었다. 그런데 문이 열려 있어 다가가 보니 한 사람만 빠져나가고 나머지는 그대로 있었다.

그러고 보니 문이 열렸음에도 불구하고, 그들은 나가고 싶어도 나갈 수 없었던 것이다. 모두 자기만의 깊은 상처를 가지고 있었기 때문이다.

그들에게 우선 먹을 것을 주어야 한다고 생각되었다. 그래서 주님을 섬기며 살아가는 친구의 집을 찾아갔다. 집 안에 인기척이 있음을 확인하였으나 차마 들어가지 못하고 밖에 있는 쓰레기통을 뒤지기 시작하였다.

거기서 누런 콩가루가 묻은 시루떡 조각을 찾아 접시에 담았다. 다행인지 불행인지 두 접시 수북이 되었다. 그런데 냄새를 맡아보니 썩은 냄새가 진동하였다.

위에 있는 것을 버리고 아래 있는 것만 다시 냄새를 맡아보았다. 썩은 냄새가 없었다. 혹시나 하고 다시 맡아보고 또 맡아보았다. 두세 번 확인한 후 양손에 들고 길거리로 나왔다.

그때 어머니를 만났다. 하루 일을 마치고 집으로 돌아가는 중이었다. 어머니와 나란히 걸으며 시루떡 이야기를 하였다. 자식 사랑이 대단한 어머니여서 내가 먼저 물어보았다. 어쩌면 내 체면 때문에, 어머니가 모든 것을 알면서도 모른 척하고 있을지 모른다는 생각이 들었기 때문이다.

"이 시루떡을 그냥 버릴까요?"

아닌 게 아니라 어머니는 기다렸다는 듯이 말했다.

"그래, 버리자! 집에 충분한 떡이 있다."

그래서 어느 집 울타리 밑에 어머니와 내가 하나씩 들고 있던 떡을 버렸다.

"오, 주여! 그렇습니다. 정말 그렇습니다. 날마다 죽음을 예비하는 자는 행복합니다." (2011. 7. 13)

1142. 쥐새끼 교훈

이는 지긋지긋한 쥐새끼와 한판 전쟁을 치르며 회개한 간증이다. 올봄이 다 지나도록 닭들이 품지를 않아 부화기를 돌려 병아리 33마리를 내렸다.

임시로 마당에 설치한 이동식 유추기를 이용하여, 밤에는 100W 전구 2개를 켜고 비닐과 부직포를 덮으며 1개월간 키웠다. 1마리를 도태시킨 것 빼고는 모두 건강하게 자랐다.

그런데 부화기에서 병아리를 내리자, 어미닭 1마리가 품기 시작하더니 4마리가 줄줄이 품었다. 합쳐서 1평쯤 되는 오래된 닭장 2칸을 손질하여 병아리를 키우려고 여기저기 뚫어진 구멍을 손질하였다.

하지만 쥐새끼들이 들어와 사료를 훔쳐 먹기 시작하더니 병아리까지 해코지하였다. 여기저기 뚫은 쥐구멍을 막아 보았지만, 소용이 없었다. 여기 막으면 저기를 뚫고 저기 막으면 또 다른 곳을 뚫었다.

쥐새끼가 들어오는 벽과 바닥에 철망을 깔았더니 땅 밑으로 터널을 파고 반대편 바닥으로 들어왔다. 쥐새끼 구멍을 막기에는 한계가 있었다.

궁리 끝에 시멘트를 사다가 바닥에 콘크리트를 하여 닭장 2개를 완전히 분리시켰다. 그리고 바닥에 모래를 깔고 왕겨를 넣어 나름대로 깔끔하게 처리하였다. 그리고 지켜보았다.

그래도 여전히 쥐새끼가 들어와 사료를 훔쳐 먹었다. 그래서 이번에는 세망을 사다가 닭장 안쪽을 다시 둘러쳤다. 그럼에도 쥐새끼는 계속 들락거렸다.

그래서 항구에 가서 폐그물을 가져와 지붕과 천정, 벽까지 사방을 막았다. 그런데도 그물을 비집고 들어왔다. 슬레이트 골 사이로도 들어왔다. 그물을 밀어 넣고 그 위에 다시 세망을 쳤다. 그리고 지켜보았다. 그럼에도 쥐새끼는 그마저 밀고 들어왔다.

이곳을 막으면 저곳으로, 저곳을 막으면 또 다른 곳으로 들어왔다. 징글징글했다. 하루에도 수차례 쥐새끼와 전쟁을 하였다. 그야말로 빠끔한 틈 하나 없이 막았다고 생각되었으나 쥐새끼는 계속 들어왔다.

하다못해 끈끈이를 사다 깔아 놓고 먹이를 뿌려 놓았다. 저녁에 가보니 끈끈이가 보이지를 않았다. 쥐새끼가 끈끈이 위에 똥만 잔뜩 싸놓고 도망을 갔다.

이번에는 덫을 사다가 모래 속에 묻어 두고 그 위에 사료를 살짝 뿌려 놓았다. 그러나 먹이만 먹고 쥐새끼는 걸리지 않았다. 그야말로 신출귀몰한 존재였다.

다시 사방팔방 단속하고 끈끈이와 덫을 놓고 그사이에 먹이를 뿌려 두었다. 그러기를 계속하다 보니 짜증이 났다. 나도 모르게 신경질이 났다.

"아무리 그래도 만물의 영장이라는 인간이 쥐새끼한테 이렇듯 당하다니!"

정말 내가 보아도 어처구니가 없었다. 쥐새끼와의 전쟁이 1주일 이상 이어졌다. 그러다가 새벽기도 중에 영감이 왔다.

'하찮은 닭장도 그렇게 정성을 들이면서 예배당은 왜 이렇게 그냥 두느냐? 비록 교인은 없으나 매일 기도하고 예배드리는 처소가 아니냐?'

그리고 보니 예배당에 비가 샌 지 1년이 넘었고, 벽은 시커먼 곰팡이로 얼룩이 진 지 오래되었다. 가끔 손님도 찾아오는데 이미지가 말이 아니었다. 십자가 네온이 나간 지도 벌써 3개월이 지났다.

사람들이 교회를 그만둔 줄 알았다고 일러주었음에도 계속 수리비 타령만 하고 있었다. 다른 데 쓸 돈은 있어도 교회당 수리비는 없었던 것이다.

"오, 주여! 종을 용서하여 주십시오. 제가 정말 잘못했습니다. 오늘 당장 교회당 방수 공사와 십자가 네온 공사를 하겠습니다."

기도를 마치고 닭장에 가보니 그동안 그토록 드나들던 쥐새끼가 들어온 흔적이 없었다.

"오, 주여! 주님께서 이 종의 부덕함을 일깨워 주셨습니다. 날마다 죽음을 예비하는 자는 행복하다고 아무리 떠들어대도 소용이 없다는 사실을 깨달았습니다. 오늘부터 실제로 하나하나 실천하겠습니다." (2011. 7. 18)

1143. 신비한 손길

다시 늘어난 빚을 갚으려고 재테크에 손을 대었으나 하나님의 뜻이 아닌 듯했다. 그래서 3일 전에 깨닫고 회개하였더니 어제 영양 토지가 마무리되었다. 그리고 오늘 새벽에 환상을 보았다.

교회당 바닥에 깔린 나뭇결 장판이 찢어져 너덜너덜한 모습이 보였다. 그때 내 손 같기도 하고 아닌 것 같기도 한, 어느 신비한 손길이 살포시 스쳐 지나가자 새 장판으로 회복되었다. 그때 고린도전서 15장 31절의 말씀이 생각났다.

"나는 날마다 죽습니다." (2011. 8. 31)

1144. 최후의 보루

누군가의 실패로 마음이 아팠다. 혹시 나로 인하여 피해는 입지 않았는지 은근히 부담이 되었다. 그래서 무조건 100만 원을 도와주기로 하였다. 아무도 모르게 선의를 베풀었으나 내심으로 주님의 칭찬을 기대하고 있었다.

하지만 내게 통보된 것은, 사전에 승인을 받지 않고 공매에 참가했다는 이유로 징계가 불가피하다는 달갑지 않은 소식이었다. 게다가 그 이전에 너덧 건의 응찰이 추가로 밝혀져 구속될지 모른다고 하였다.

내가 베푼 선행은 한갓 물거품이 되어 사라지고 오히려 벌을 받을지도 모른다는 소식에 의기소침하고 있었다. 그때 내 직속상관이 다가와 내 손을 잡고 급히 인사과로 데려다주고 서둘러 돌아갔다. 내가 마라톤 경주에 참가하기로 되어 있었기 때문이다.

인사과에 들어서자 마라톤 대회에 참가할 사람들이 도열하여 있었고, 인사 담당의 점호가 막 끝나고 있었다.

"자, 모두 나와 주셔서 감사합니다. 그런데 유감스럽게도 한 사람만 빠졌습니다."

그 말에 내가 손을 번쩍 들고 흔들며 말했다.

"여기 있습니다."

그러자 그가 고개를 갸우뚱하며 말했다.

"정○○ 형제 등 5명은 스스로 포기하였고, 임○○ 형제는 사정상 제외되었습니다."

그러자 여기저기서 웅성거리기 시작하였다. 옆에 도열한 군인들도 가세하였다. 나를 체포할 사람들로 보였다. 그때 어떤 사람이 말했다.

"이미 포기하신 분이 아닙니까?"

그리고 보니 이미 공매를 포기한 사람에게 마라톤까지 못하게 할 이유가 없지 않느냐는 뜻으로 여겨졌다. 다행히 주변 사람들이 모두 내 편인 것 같았다. 하지만 인사 담당은 이미 결정된 일이라 자신도 어쩔 수 없다는 투로 내게 말했다.

"마저 포기하는 게 좋아. 어때? 나와 커피나 한 잔 할래?"

"아니, 아니야!"

하면서 나는 손을 흔들며 그 자리를 빠져나왔다. 그는 '경외 수단'이라는 사람으로 평소 나와 친분이 있어 그렇게 말했던 것이다.

그때 나는 주님의 승인 없이 공매에 참가한 죄로 결국은 체포되어 구속될 것이라는 사실을 받아들이게 되었다.

'그래, 이제 모든 것을 내려놓고 이 기회를 자성의 계기로 삼자.'

그리고 화장실에 갔다. 급히 끌려오느라 소변을 참았기 때문이다. 허겁지겁 소변을 보다가 바지에 오줌을 쌌다. 휴지로 대충 닦았으나 오른쪽 바짓가랑이가 거의 다 젖다시피 하였다.

그럼에도 내 직속상관에게 돌아가 그 사실을 보고하기로 하였다. 사실 그가 내 마지막 희망이자 최후의 보루였다. 혹시 나를 불쌍히 여긴다면 절대적 권세를 가지신 분께서 나를 도와줄 수도 있다고 믿었기 때문이다.

그러고 보니 그분이 나의 모든 것의 모든 것이요, 보호자시요, 스승이요, 주님이셨다. (2011. 9. 13)

1145. 맡김 사무실

옛 직장에 들러 전에 근무한 사무실을 찾았으나 보이지 않았다. 그때 '홍왕의 아들'이라는 옛 동료가 싱긋이 웃으며 옆으로 다가왔다. 그에게 물어보니 아래쪽에 있다고 손짓하였다.

그래서 아래층으로 내려가 사무실을 쭉 살펴보았다. 그런데 모두가 예전 같지 않았다. 하나같이 무슨 시험 장비나 도구 같은 것을 넓은 공간 한가운데 놓고 직원은 한두 명만 있었다.

좁은 공간에 책상을 가지런히 놓고 이리저리 빼곡히 앉아 사무를 보던 옛 모습과는 판이하게 달라 고개를 갸우뚱하였다. 게다가 사무실 간판도 무슨 과 무슨 실 등의 명칭 앞에 '맡김'이라는 단어가 있었다.

그런데 내가 근무한 사무실은 아예 보이지도 않았다. 그래서 1층까지 내려가 밖으로 나오게 되었다. 그때 무엇인가 불안해하다가 재채기를 하면서 꿈에서 깨어났다. 시간을 보니 3시 반이었다. (2011. 9. 16)

1146. 산들바람

그리고 다시 눈을 감았더니 묵은 밭에 잡초가 무성한 모습이 보였다. 그러다가 순식간에 잡초가 사라지고 어린 파 같은 녹색의 뾰족한 식물들이 빼곡히 자라났다. 사이사이에 드러난 토양을 보니 습기도 적당하고 토질도 좋아 식물이 자라기에 안성맞춤이었다.

그런데 어디선가 산들바람이 불어오는가 싶더니 파는 보이지 않고 어린 무 같은 식물들만 무성히 자라났다. 녹황색 떡잎 사이로 뾰족이 솟아나오는 파란 잎이 아주 건강하게 보였다.

1147. 큰 달걀

그리고 닭장에 들어가 보금자리를 살펴보았다. 그런데 이게 어찌 된 일인가? 평범한 알이 2개 들어있을 것으로 생각하였는데, 참외만한 계란이 가득 담겨 있었다. 난생처음 보는 정말 큰 달걀이었다.

그때 방에 불이 환하게 켜졌다. 새벽기도 갈 시간이었다. (2011. 9. 16)

1148. 알곡 신자

크고 넓은 예배당에 발 디딜 틈도 없이 사람들이 모여 있었다. 뒤쪽의 공간은 물론, 통로까지 빼곡히 채워진 사람들 사이에서, 서로 삿대질하며 왈가왈부하는 자들이 있었다.

그중에 내가 잘 아는 '바르고 거룩한 기세'라는 자가 뭐라고 소리를 지르며 핏대를 올리더니, 말리는 사람들에 의해 옆으로 밀려나는 모습이 보였다.

그가 강단에 서 있는 나를 보고, 중앙 통로를 이용하여 앞으로 걸어 나오며 떠듬떠듬 말했다.

"여기 있었네. 산 중인이!"

"그래요. 알았으니 물러가 있으시오."

"알았어…요."

하고 그가 머리를 긁적이며 뒤로 물러갔다. 그래서 분위기를 진정시키려고 내가 말하였다.

"자, 이제 다 함께 기도합시다."

기도를 마치고 고개를 들어보니, 그 많던 사람들이 거의 다 빠져나가고 없었다. 여기저기에 하나둘씩 뜨문뜨문 앉아 고개를 숙이고 기도하는 사람만 있었다.

"자, 우리 다시 한 번 기도합시다."

순간적으로 섭섭한 감정도 없잖아 있었지만, 다시 기도하면서 하나님의 은혜에 감사하였다.

"그렇습니다, 주님! 이렇듯 알곡 신자만 남겨주시니 정말 감사합니다."

(2011. 10. 1)

1149. 손톱과 전기톱

한 손으로 사용하는 손톱을 들고 있었다. 전기톱으로 나무를 자르던 친구가 말했다.

"보고만 있지 말고 좀 도와주지그래?"

"그러지."

하면서 작은 손톱으로 통나무를 자르기 시작하였다. 그런데 그 작은 톱이 얼마나 잘 들던지 큰 통나무가 한두 번 만에 싹둑싹둑 잘렸다.

그렇게 나무를 자르면서 보니, 큰 전기톱을 가지고도 힘들어하며 애쓰는 그의 모습과 현저한 대조를 이루었다. (2011. 10. 12)

1150. 부모와 자녀

어제 종일 콩을 꺾고, 들깨를 베고 고구마를 캤더니 온몸이 쑤시고 아팠다. 새벽기도를 마치고 아침도 거른 채 다시 자리에 누웠다가 힘든 꿈을 꾸었다.

아버지와 어머니, 아들과 딸을 태우고, 온갖 잡동사니 짐까지 가득 싣고, 차를 몰고 산을 오르고 있었다. 먼저 2km 남짓 떨어진 산마을에 도착하였다.

어느 집 앞에 차를 세우고 잠시 쉬었다가 다시 출발하였다. 차가 너무 낡고 오래되어 조그만 언덕에도 힘이 들었다. 나도 덩달아 힘들었다. 용을 써봤지만, 소용이 없었다.

'지무실'이라는 마을에 도착하였다가 무심결에 지나쳐 다른 마을로 갔다. 우리가 있는 곳이 큰길보다 한참 저지에 있어 다시 언덕길을 올라갔다.

화단을 빙 돌아 고갯길에 이르자 차가 힘이 달려 올라가지 못했다. 차가 멈추지는 않았지만, 진땀이 빠작빠작 났다. 간신히 언덕을 올라 옆길로 들어섰다.

그런데 길이 점점 좁아져 도저히 나아갈 수 없었다. 후진하여 보니 아닌 게 아니라 작은 언덕이 또 하나 있었다. 경사가 심하여 2개의 오르막으로 진입로를 만들었던 것이다.

그래서 2번째 언덕을 다시 오르기 시작하였다. 200m쯤 내려가면 바로 옆에 그 집이 있었다. 차가 마지막 힘을 내주기를 빌었다.

하지만 불과 2m 정도밖에 안 되는 작은 언덕이 더 힘들었다. 엑셀을 끝까지 밟았으나 더 이상 힘이 나오지를 않았다. 결국은 차가 멈춰 섰다.

다행히 시동은 꺼지지 않았다.

순간적으로 운전석 문을 열고 왼발을 밖으로 내밀어 발로 차를 밀기 시작했다. 더 이상 방법이 없고 선택의 여지가 없었다. 누가 지성이면 감천이라 했던가? 발로 미는 그 작은 힘에 의해 차가 조금씩 올라가기 시작했다. 그렇게 오르막을 거의 다 올라갔다.

그때 짐이 왼쪽으로 점점 기우는 느낌이 들었다. 오른쪽으로 바로 잡아보려고 하였으나 소용이 없었다. 그러면 그럴수록 점점 더 짐이 쏠렸다. 그러는 사이에 차가 큰길에 올라섰다.

그런데 이게 웬일인가? 발을 내밀어 차를 미는 순간 차가 자전거로 변했고, 짐이 쏠려 어깨를 움직이는 순간 자전거가 지게로 변했다.

더욱이 좌측으로 짐이 쏠려 좌측 어깨를 들먹이며 우측으로 짐을 미는 순간, 왼쪽 어깨에 업힌 아들이 우측 어깨 아래로 쑥 빠져나왔다.

그것도 땀을 빠짝빠짝 흘리며 머리와 양팔까지 축 늘어뜨리고 있었다. 다행히 다리만은 잘 묶여 있는 듯 온몸이 쑥 빠져나오지는 않았다.

등 뒤의 짐은 좌측으로 자꾸 쏠리는데 좌측에 업힌 아들이 우측으로 빠져나와 더욱 힘들었다. 목적지가 지척에 있었으나 더 이상 가지 못하고 애쓰다가 잠에서 깨어났다. 엉덩이와 어깨가 더욱 쑤시고 마음까지 아팠다.

"오, 주여! 제가 부족합니다. 종의 부모님과 아들딸을 도와주소서. 땀을 빠짝빠짝 흘리며 자고 있는 아들에게 무슨 일이 있는지 주님께서 살펴주소서."

그때 내 부모와 자녀에 대한 부담이 경제적 짐이 아니라 신앙적 짐이라는 사실을 알았다. 내 부모님은 재산이 하나도 없지만 먹고사는 것을 걱정한 적이 없었다.

사실 뒤늦게 교회에 다니기 시작하였으나 여전히 거듭나지 못한 부모님과 10년 넘게 떨어져 얼굴도 보지 못하고 살아가는 아들딸이 더욱 걱정되었다.

"오, 주여! 이 종의 부덕함을 용서하여 주시고, 제 부모와 아들딸의 믿음을 도와주소서." (2011. 10. 18)

1151. 지인과 지음

옛적에 근무하던 공직에 복귀하였다. 들뜬 마음으로 출근하자 나이 많은 과장님이 무슨 지시를 하였다. 하지만 그것이 무슨 일인지, 어떻게 처리해야 할지 알 수가 없었다. 내가 잠시 당황하자 과장님이 다시 말했다.

"처음이라 잘 모르겠지. 기획팀장에게 물어보고 해."

그래서 뒤쪽 출입문 앞에 있는 기획팀으로 갔다. 팀장은 출타하고 없었다. 그때 예전의 내 팀장이었던 사람이 다가왔다. 그는 내가 어려울 때 도시락을 싸와 나와 함께 나눠 먹었던 사람이다. 그는 크리스천으로 여전히 친절했다. 그가 적극적으로 나서서 나를 도와주었다.

그리고 내 자리에 돌아가 보니 어느새 그가 최고급 쇠고기를 사다가 유리 항아리 속에 넣고 간장을 채워 마무리하고 있었다. 바로 그 일을 과장님이 지시하였던 것이다. 옆에 있던 직원이 그를 돕고 있었다. 그때 내 서랍 속에는 비닐에 싸인 쇠고기가 있었다.

"아, 그러면 이 쇠고기는 반납해야겠네."

하고 저만큼 떨어져 있는 정육점에 가서 고기를 반납하자 여직원이 받아주었다. 그리고 내 신용카드로 고깃값을 계산하려고 수었더니, 언제 왔는지 기획팀 여직원이 벌써 계산하고 있었다.

"아니, 어떻게 알고? 우선 내가 계산하고 나중에 정산하려고 하였는데."

"아니에요. 제가 법인카드로 계산해야죠."

"그래요? 그러면 우편료도 계산해주세요."

"무슨 우편료?"

"우편물을 보낸 송달료가 있어요. 기획팀에 제출했어요."

"그래요? 알았어요."

그리고 그 자매와 함께 걸으며 대화를 나눠 보니 아주 상냥하고 친절한 아가씨였다. 키가 나보다 한 자(尺)나 더 커 보였으나 조금도 어색함이 없었다.

그때 우리를 반대하지 않는 사람은 우리를 지지하는 사람이라고 하신 주님의 말씀이 생각났다. 아울러 지인(知人)은 많으나 지음(知音, 친한 벗)은 적다는 말이 괜한 소리처럼 느껴졌다. (2011. 10. 21)

1152. 꿀과 실과 토끼

꿀 한 병을 샀다. 특별히 깎아주어서 상당히 싸게 샀다. 제값에 10% 더하기 알파를 깎아 도합 15% 정도 할인한 파격적 값이었다. 얼마 후 여러 사람이 부탁을 하여 추가로 주문하게 되었다. 그러자 주인이 말했다.

"이번에 한해서 특별히 전에 판 가격과 같이 드리겠습니다."

그래서 나도 2병을 추가로 주문하게 되었으며 도합 12병의 꿀을 사게 되었다. 거의 원가에 가까운 가격임을 누구나 알 수 있었다. 주인에게 다소 미안한 마음이 들었다.

사방에서 연결된 수십 개의 실이 한 곳으로 모여들어 천을 짜는 기계가 보였다. 그런데 맨 왼편 위쪽에 놓인 타래의 실이 다 풀려 갈아 끼워야 했다.

서둘러 기계를 멈추었더니 아슬아슬하게 실이 남았다. 그때 어떤 사람이 다가와 실타래를 갈아 끼우고 실을 연결했는데 처음 실보다 상당히 굵었다. 그래서 내가 물어보았다.

"실이 저렇게 굵어도 괜찮을까요?"

"상관없어요."

그러자 기계 앞에 있던 직공이 실을 잇고 늘어진 오라기를 자른 후 기계를 다시 돌리기 시작하였다.

토끼장에 토끼가 있었다. 맏배 새끼는 어른 토끼처럼 다 자라났다. 그런데 그다음부터 태어난 새끼들이 숫자는 많았지만 상당히 어렸다.

가까이 가서 자세히 살펴보니 이쪽저쪽 토끼장을 가득히 채우고 있었다. 토끼 한 자웅이 낳을 수 없는 많은 양이었다. (2011. 11. 1)

1153. 오직 그만 있다

나는 이쪽에서 자매는 저쪽에서 찾아보았으나 무덤은 없었다. 둘이서 다시 한 번 쭉 돌아보았으나 무덤의 흔적조차 찾지 못했다. 그때 눈앞에 표지석이 하나 나타났다.

그런데 표지석의 글이 특이하였다. 영문으로 이렇게 새겨져 있었다.

'Without grave & gravestone, Only Him.(무덤도 없고 비석도 없이, 오직 그만 있다.)'

그때 나는 순간적으로 이렇게 소리쳤다.

"오, 주여! 정말 그렇습니다. 주님을 진심으로 찬양합니다!" (2011. 11. 11)

1154. 주님의 선

어느 큰 교회에서 계속 이어지는 프로그램에 참석하고 있었다. 숙식을 한 것으로 봐서 하루나 이틀에 끝날 행사가 아니었다.

그런데 내가 가장 소중히 여기며 항상 가지고 다니는 성경책이 보이지 않았다. 어디에다 두었는지 기억조차 없었다. 여기저기 내가 머물던 곳을 다 돌아다니며 찾아보았으나 허사였다.

나와 함께하며 돕는 사람도 있었으나 그 흔적조차 찾을 수가 없었다. 그때 강단에서 성가대가 찬양을 하고 있었다. 나를 돕던 청년이 물었다.

"그런데 왜 그렇게 그 성경책에 집착하십니까?"

"거기 모든 주석이 기록되어 있기 때문이야. 내가 오랫동안에 걸쳐서 쓴 것이."

아쉬움을 뒤로하고 교회당에서 나오자 마침 시가지 퍼레이드가 진행되고 있었다. 그때 '선이 좋아'라는 친구가 흥에 겨워 행진하는 악단 틈에 들어가 춤을 추었다.

그런데 그가 보도 쪽에 있는 사람들을 바라보며 제자리에 서서 춤을 추자, 일렬로 행진하는 악단의 줄이 뒤틀리게 되었다. 그 순간 주님이 주시는 깨달음이 있었다.

"오, 주여! 그렇군요. 선이 좋다고 다 좋은 것이 아니군요. 주의 종은 주님의 선을 먼저 생각해야 합니다. 사람의 선이 주님의 선을 방해할 수 있기 때문입니다. 주의 종이 따를 선은 주님의 선이지 사람의 선이 아니라는 사실을 깨닫게 하시니 감사합니다.

오, 주여! 그렇습니다. 주님의 선에 순응하게 하시고 사람의 선을 조심하게 하소서." (2011. 12. 10)

1155. 노틀과 아이

조용한 시골집에 갑자기 사람들이 북적거리기 시작하였다. 개구쟁이들이 이리저리 뛰어다니며 떠들어대는 통에 정신이 하나도 없었다. 그 와중에 텔레비전을 크게 켜놓고 오디오까지 틀어 그야말로 도깨비시장을 방불케 하였다.

게다가 까닭 없이 수돗물을 틀어 바싹 마른 마당에 물골을 만들어 놓았다. 흙은 떠내려가고 자갈과 모래, 돌멩이만 남은 물골이 보였다. 우선 다소 큰 돌로 깊은 곳을 메우고 주변의 흙을 긁어 덮었다.

그리고 거실로 들어가 텔레비전 리모컨을 찾았다. 그런데 아무리 눌러도 텔레비전이 꺼지지를 않았다. 마침 한 아이가 지나가고 있어 붙잡아 물어 보았다.

"얘야, 어떻게 끄지?"

"주세요."

그래서 아이에게 리모컨을 건네주었다. 눈 깜짝할 사이에 여기저기를 두세 번 누르고 지나갔다. 그러자 텔레비전이 번쩍하며 꺼졌다.

그리고 오디오 리모컨을 찾아서 꺼보려고 하였다. 여기저기를 눌러보았지만, 소용이 없었다. 그때 또 한 아이가 옆으로 지나가기에 붙잡아 물어보았더니, 그 아이 또한 처음 아이와 같이 능숙한 손재주로 오디오를 끄고 지나갔다.

'음, 아무리 시끄러워도 아이들은 꼭 있어야겠군. 특히 우리 같은 노틀에게는.' (2011. 12. 19)

1156. 성모 석고상

그리고 얼마 후 마당에서 거실을 바라보다가 깜짝 놀랐다. 거실 한쪽 구석에 세워져 있던 성모 석고상이, 세상에서 둘도 없이 아름다운 모습으로 사뿐사뿐 걸어서 안방으로 들어가고 있었다.

순간 겁이 덜컥 나면서 두려웠다. 방과 거실 사이의 미닫이문이 저절로 스르르 열렸다. 마치 방안의 모습을 자세히 보고 두려워하지 말라는 듯, 바로 옆에서 지켜보는 것처럼 느껴졌다.

방안이 대낮같이 밝고 환했다. 성모님이 한 자매와 함께 누워 있는 할아버지를 조심스럽게 일으켜 세웠다. 성모님은 할아버지 발치에서 양손을 잡아 일으켰고, 자매는 할아버지 옆에서 어깨를 받쳐주었다.

덥수룩한 수염에다 초췌한 모습을 한 할아버지는 많이 편찮으신 듯했다. 그리고 보니 성모님과 자매가 할아버지의 병시중을 들고 있었다. 자매는 뒤로 앉아 뒷모습만 보였으나 성모님은 옆으로 앉아 옆모습이 보였다.

전신이 온통 새하얗고 무표정한 석고상의 성모님이었으나, 그 자상하고 부드러운 모습이 어찌나 아름다운지, 그야말로 우리가 사용하는 모든 감탄사로도 감탄할 수 없고, 모든 형용사로도 형용할 수 없었다.

(2011. 12. 19)

1157. 더불어 사용

식권을 구입했다. 10매만 사려고 하였다가 아예 20매를 달라고 하였다. 그런데 식권을 받고 보니 돈을 찾아오지 않았다. 양해를 구했으나 여직원이 얼굴을 찡그리며 난색을 보였다.

그때 얼마 전에 받아 놓은 5만 원짜리 지폐 몇 장이 지갑 속에 있다는 사실이 생각났다. 그러고 보니 이미 왼손에 지갑을 꺼내 들고 있었다. 그 모습을 보고 여직원이 고개를 갸우뚱하였다.

출구를 빠져나가 보니 비가 쏟아지고 있었다. 쉽게 멈출 것 같지 않아 비를 맞으며 뛰어가기로 마음을 먹었다. 식당은 본관에서 200m쯤 떨어진 별관에 있었다.

다리에 장애가 있어 자유롭게 달릴 수는 없었지만 나름대로 열심히 걸어 식당 앞에 이르렀다. 옷이 흠뻑 젖었다. 그때 큰 우산을 들고 헐레벌떡 뒤따라온 친구가 있었다. 그의 옷도 많이 젖어 있었다.

잠시만 기다렸어도 그 친구의 우산을 함께 쓰고 천천히 걸어올 수 있었는데, 성급한 마음이 우리를 모두 민망하게 만들었다. 그러고 보니 이미 비도 그쳐 있었다. 그 친구는 '더불어 사용'이었다. (2011. 12. 24)

1158. 리어카 장사

리어카로 작은 장사를 하도록 부모님을 도와주려고 하였다. 그런데 큰 리어카로 할 것이냐, 작은 리어카로 할 것이냐를 두고 고민에 잠겼다. 그러다가 대, 중, 소 리어카를 모두 구입하여 두고 필요 시 적당한 것을 골라서 사용하게 하였다.

그리고 우리 공동체가 사용할 목장을 여종과 함께 찾아다녔다. 여기 저기 몇 군데를 돌아보다가 언덕 위에 있는 양지바른 곳을 찾았다. 거기 적당한 건물도 있었다.

그런데 대들보는 그대로 두고 서까래만 새로 얹어 놓았다. 기존 건물을 철거하지 않고 일부만 리모델링하는 듯했다. 그만하면 대체로 만족할 정도였다. (2011. 12. 25)

1159. 천년의 세월

고즈넉한 산기슭에 한옥 마을이 보였다. 풍요롭다는 느낌도 없었으나 궁핍하다는 느낌도 없었다. 하나님의 섭리하에 모든 것이 제자리에서 순응하고 있었다.

그곳에서 살아가는 사람들도 하나님의 통치에 순종하며 자유와 평화, 기쁨을 한껏 누리며 만족하였다. 모든 것이 그대로 영원할 듯하였다.

그런데 자세히 보니 변하는 것도 있었다. 다름 아닌 무심한 세월이었다. 미세한 바람을 타고 보일 듯 말듯 세월이 흐르고 있었다. 그렇게 천천히 흐르던 세월이 어느덧 천년이 지나갔다. 나도 모르게 한숨이 나왔다.

"벌써 천년의 세월이…"

그러나 천년의 세월이 지나도 특별히 변한 것은 보이지 않았다. 모든 것이 미세하게 변하고 있었기 때문이다. (2011. 12. 31)

제38편

파랑새 노래

1160. 지나친 겸손

백구와 황구 2마리를 키우고 있다. 백구가 1개월가량 앞서 태어났지만, 밥을 잘 먹지 않아 황구가 더 크다. 황구는 도사 잡종으로 식성이 좋아 뭐든 주는 대로 잘 먹지만, 백구는 맛있는 것만 골라서 깔짝거리며 먹는다.

황구는 많이 먹어서 탈이고 백구는 먹지 않아서 탈이다. 2마리를 양쪽에 묶어 두고 먹이를 가운데 준다. 황구가 먼저 실컷 먹고 물러나면 백구에게 옮겨놓는다. 그렇지 않으면 황구가 짖어 백구가 먹지 못하기 때문이다. 황구가 먹을 때는 백구가 얼씬도 못 한다.

대게 껍질을 가운데 쏟아부었다. 황구는 먹는데 백구는 멀리 달아났다. 보다 못해 양쪽으로 나눠주었다. 그런데도 백구는 먹지 못하고 황구의 눈치만 보았다. 백구를 보니 황구 보이지 않는 곳으로 옮겨달라는 눈치였다. 나도 모르게 욕이 튀어나왔다.

"어휴, 저런 등신!"

바로 그때 주님의 메시지가 내 귀에 들려왔다.

"주님이 주시는 은혜를 받아 누리지 못하는 너도 마찬가지가 아닌가? 네가 주는 은혜를 받아 누리지 못하는 백구와 무엇이 다른가?"

"오, 주여! 과연 그렇군요. 제가 바로 저 못난 백구였군요. 오, 주님, 감사합니다!"

나는 지난 1주일간 깊은 고민에 빠져 기도하고 있었다. 작년에 법률구조공단을 통해 민사소송을 제기했는데 어렵게나마 해결되어 올해 초에 소를 취하하게 되었다. 소송비용이 40만 원 정도 나왔다.

당연히 내가 부담해야 한다는 생각을 하고 있었으나 장애인이라는 이유로 면제를 받았다. 너무 고마워 어떤 형태로든 성의를 표시해야 한다는 생각을 하고 있었다. 하지만 그것도 쉬운 일이 아니었다.

그러다가 오늘 아침, 백구의 어리석은 모습을 통해 그 고민을 해소하게 되었다. 욕심을 부리지 않는 것도 중요하지만, 주님이 주신 은혜를 누리지 못하는 것도 어리석다는 것이었다.

사실인바 지나친 겸손은 미덕이 아니라 비굴이요, 오만이요, 무례하기 짝이 없는 불신이요, 하나님의 사랑을 거역하는 파렴치한 행위였다.

(2012. 1. 12)

1161. 천애상

어느 날 갑자기 대통령 당선인의 아들이 된 나를 보고 깜짝 놀랐다. 뿐만 아니라 하나님처럼 인자한 분이 더할 나위 없이 크고 소중한 선물을 내게 주었다. 하나님을 사랑하는 상이라 하여 '천애상(天愛常)'이라 불렀다.

천애상은 날마다, 달마다, 해마다 누릴 수 있는 영원한 상이었다. 게다가 30년 이상 누릴 수 있는 물질이 수시로 주어지는 부상도 아울러 주어졌다. 그때 그분이 나를 불러 물었다.

"다른 사람에게도 물어본 말이지만 너는 어떻게 생각하느냐? 내가 제주도에 200평가량의 땅을 소유하고 있는데 어찌하면 좋겠느냐?"

"예, 그 땅에 집을 지으면 좋을 것이라 생각합니다."

"너도 그렇게 생각하느냐? 하지만 나는 그 땅을 총장들의 재충전을 위한 공간으로 사용하고 싶은데."

그 말을 듣는 순간 그분이 해군 참모총장을 역임했다는 사실을 알게 되었다.

"아! 예, 그런 VIP들이 사용할 용도라면 집보다는…."

그때 주변 사람들의 웅성거리는 소리로 인해 내 말은 중단되고 말았다. 그들 가운데 '어질고 거룩한 친구'도 있었다. 내가 상을 받게 될 때까지 그의 도움이 컸다고 하였더니, 그는 나에 대한 칭찬을 아끼지 않았다.

그러나 그 친구는 나의 부족함을 잘 알고 있었는바, 나는 내심 부끄러웠다.(2012. 1. 28. 주일)

1162. 방어 낚시

친구의 낚싯대로 낚시하였다. 나는 안전한 길가에 앉아 낚싯대만 잡고 있고, 그 친구가 옆에서 미끼를 달아 포인트에 던져주었다.

잠시 후 좋은 느낌이 있어 툭 치면서 끌어당기자 묵직한 손맛이 느껴졌다. 아닌 게 아니라 엄청나게 큰 고기가 올라왔다. 옆에 있던 자매가 소리쳤다.

"방어야, 방어!"

그러자 주변에 있던 사람들의 시선이 모두 고기에게 쏠렸다. 옆에서 화투를 치던 사람들이 판을 접고 다가와 고기의 입을 벌리고 낚싯바늘을 뽑아주었다.

고기의 입을 벌리자 맹수의 입처럼 보였다. 이빨 양쪽에 완벽하게 걸린 바늘 2개를 펜치로 안전하게 뽑아주었다. 그때 길가 횟집에서 아주머니가 나오더니 말하였다.

"얌전하게 생기신 분이라 그런지 정말 큰 고기를 잡으셨군요."

낚싯대만 잡고 있다가 걸려든 고기를 끌어올렸을 뿐인데 나만 칭찬을 받아 쑥스러운 마음이 들었다. (2012. 2. 4)

1163. 산성 체질

'산성 체질 개선 요망, 입원 치료 1년 정도'

환상으로 보았던 내 몸에 대한 병원에서의 검진 결과였다. 새벽기도 후 인터넷을 검색하여 보니, 산성 체질 개선에 식초와 프로폴리스(꿀벌이 식물에서 채취한 수액)가 좋다고 나와 있었다.

그리고 실제로 나는 산성 체질로서 체질 개선이 요구되었다. (2012. 2. 10)

1164. 정원 다듬기

어느 국경일 이른 아침에 정원을 다듬기 시작하였다. 이미 여러 사람이 타원형 모양의 정원을 빙 둘러앉아 작업하고 있었던바 나도 합세하게 되었다. 그 정원은 우리 집 마당에 있어서 내가 마무리하는 것이 도리였고, 내 성격상 그렇게 할 수밖에 없었다.

정원의 흙이 기름지고 부드러워 화초와 잡초가 함께 무성히 자라고 있었다. 호미로 잡풀을 뽑아내고 화초는 복토를 하면서 정원을 한 바퀴 돌아보았다.

사람들이 이미 풀을 뽑은 상태여서 쉽게 마무리하였다. 다만 언제인지 모르지만, 어머니가 산에서 캐어다가 심어놓은 지치(주치라고 하며 더덕처럼 생겼으나 보라색이었다) 몇 뿌리가 땅 밖으로 삐죽이 나와 있어 복토하고 눌러주었다.

그때 자매가 이르기를 배가 고프니 아침을 먹자고 하였다. 시간을 보니 8시 반이었다. 국경일 기념행사가 있어 조금 늦게 출근하여도 괜찮다는 생각이 들었다. (2012. 2. 18)

1165. 청년의 향수

친구 2명과 함께 어디를 가고 있었다. 한 친구가 호주머니에서 돈을 꺼내며 말했다. 그는 전에 내가 몇 번 도와준 친구였다.

"전에 빌린 돈을 갚아야지."

"무슨 소리야, 그건 빌려준 게 아니야."

사실 나는 그에게 빌려준 것이 아니었다. 10의 3조를 드리면서 10의 1

조는 교회에 봉헌하고, 10의 1조는 구제하고, 10의 1조는 선교비로 사용한다는 하나님과의 약속에 따라 몇 차례 도와줬을 뿐이다.

"아니야, 따로 빌린 게 있어."

그러면서 천 원짜리 몇 장을 세어주었다. 그러고 보니 언젠가 그에게 빌려준 3,000원이 생각났다. 하지만 금액도 얼마 안 되고 해서 벌써 잊었다. 그의 어려움을 익히 알고 있었기 때문이다.

그런데 그가 이제 그 돈을 갚으려고 하였다.

"그래, 하지만 나는 이미 잊었어. 그냥 둬."

"무슨 소리야, 공은 공이고 사는 사야. 자, 받아."

그가 준 돈을 보니 3,000원이 아니라 10,000원 가까이 되었다. 그래서 3,000원만 받고 나머지는 돌려주었다. 순간 내 손에 쥐어진 천 원짜리가 만 원짜리로 바뀌어 있었다. 천 원짜리 몇 장도 없다가 갑자기 만 원짜리가 생기니 딴생각이 들었다.

"내게도 이 돈이 있지만, 저에게도 그만한 돈이 있으니 무엇인가 한 번 게임을 해볼까? 내기 당구를 한판 치자고 할까? 아니면 내기 바둑을 한 판 두자고 할까?"

그러다가 고개를 가로저으며 자리에서 일어났다.

"아니야, 아니야! 아직도 내가 그 옛날 청년의 향수에 젖어 있어. 그래, 하나님께서 붙잡아주시지 않으면 지금도 마찬가지일 게야. 변한 것이 하나도 없어. 그래서 사람은 돈이 없어도 탈이고 있어도 탈이야."

(2012. 2. 23)

1166. 수입 부침개

어떤 사람이 시장 거리에 앉아 부침개를 부치고 있었다. 평범한 부침개가 아니라 일본에서 수입한 무슨 재료를 사용하여 특별하게 만든다고 하였다. 그리고 사람들에게 직접 시범을 보였다.

잘 개어진 반죽을 프라이팬에 담아 들깨가루처럼 보이는 것을 푸짐하게 뿌린 뒤, 가스레인지 위에 올려 사람들 앞에 내놓았다.

그때 들개가 와서 그 반죽을 어느 정도 핥아 먹었다. 그리고 거위가 와서 남은 알갱이를 모두 쪼아 먹었다. 그러자 묽은 액체만 조금 남았다. 하지만 그는 대수롭지 않은 듯 딴전을 피웠다.

그런데 잠시 후 그 묽은 액체가 노릇노릇하게 익으면서 부풀어 오르더니 오동통한 부침개가 되었다. 몇 사람이 먹어도 남을 충분한 양이었다.

(2012. 2. 24)

1167. 딱딱한 구근

노년에 교회를 다니기 시작하였으나 여전히 믿음이 없는 부모님을 생각하며, 안타까운 마음으로 이리저리 뒤척이다 새벽녘에 꿈을 꾸었다.

말발굽처럼 생긴 아주 딱딱한 구근(球根, 둥근 식물 뿌리) 하나가 내 손에 들려 있었다. 표피가 쇠가죽처럼 탄탄하고 반들반들했다. 오래전에 말라 비틀어져 죽은 듯하였다.

그런데 자세히 보니 그 복판에 틈새가 있었고, 그 속에서 움이 트고 있었다. 너무 신기하여 나도 모르게 소리를 질렀다.

"그래, 아직 생명이 있어. 곧 순이 나올 거야. 잎이 돋고 꽃을 피워 열매도 맺을 거야. 할렐루야! 그것도 아주 튼튼하고 단단하게 말이야."

(2012. 3 .2)

1168. 자매의 유품

지지부진하기는 하였으나 나름대로 사명을 다 하고 있다는 자부심으로 위안을 찾고 있었다. 그러나 5년 전에 생긴 빚이 그대로 남아 있어 걱정이 앞섰다.

그동안 1,500만 원 정도를 갚기는 하였으나 오히려 이자가 비싼 다른 대출로 갈아타서 의미가 없었다. 더욱이 5월부터 새로 빌린 1,500만 원에 대한 원금을 분할하여 상환할 예정인바, 돌려막기의 악몽이 되살아나 걱정이 되었다. 그러다가 새벽녘에 꿈을 꾸었다.

이미 죽은 어떤 자매의 유품을 늘 몸에 지니고 다녔다. 어쩌다 그 자매의 영령(英靈)이 되살아날 때는 불안하고 두려웠다. 늘 마음이 편치를 않았다.

그러던 어느 날, 나보다 대여섯 살 많은 친구의 집 헛간에서 그 자매의 유품을 그에게 넘겨주었다. 그의 이름은 영현(英顯, 죽은 사람의 영혼)이었다.

그는 스스럼없이 아주 자연스럽게, 그리고 너무나 당연하다는 듯이 그 자매의 유품을 받아 살펴보기 시작하였다.

"뭐가 들었지?"

"별것 있겠어. 그냥 놔두지그래."

그 유품은 가로와 세로가 15cm쯤 되는 작은 봉투에 들어 있었다. 나는 그 봉투를 열어보는 것이 두려워 이제까지 몸에 지니고만 다녔다. 보는 것조차 두려웠고 생각하는 것조차 무서웠기 때문이다.

그러나 그 친구는 대수롭지 않은 듯 봉투를 열고 포장지를 벗겨내기 시작하였다. 서너 겹을 벗겨내자 그 속에서 만 원짜리 지폐 5장이 나왔다. 그것도 그는 대수롭지 않은 듯이 여겼다.

"음, 겨우 이거였어. 5만 원."

그때 그의 집 안방에 있던 그의 아내에게 죽은 자매의 영령이 들어간 듯하였다. 그의 아내가 무엇에 놀라 소리를 질렀다. 하지만 그는 그것도 대수롭지 않은 듯 태연하게 그 돈을 다시 싸서 봉투에 넣으며 뭐라고 중얼거렸다.

그동안 나는 그 자매의 영령이 살아날까 그 봉투를 열어볼 엄두를 못 냈다. 그런데 그 친구가 봉투의 내용물을 확인하는 순간 여러 가지 의문이 생겼다.

'나도 모르는 그 어떤 자매의 유품을 내가 왜 여태까지 가지고 다녔을까? 별것도 아닌 것으로 보이는 5만 원을 어찌하여 그 자매는 유품으로 남겼을까?'

이런저런 생각을 하다가 나도 모르게 내 주머니에 있는 만 원짜리 지폐 1장과 5천 원짜리 지폐 1장을 꺼내 그에게 건네주었다. 그 돈이 내가 가진 모든 것이었으나 나는 오히려 기분이 좋았다.

"자, 여기 15,000원. 이것도 받아."

그러자 그 친구는 그 돈마저 대수롭지 않은 듯 받아 보관하려고 하였다. 그때 나는 그동안 지니고 있던 크고 무거운 짐을 홀홀 벗어던진 듯, 모든 것이 홀가분하다는 느낌이 들었다. (2012. 3. 4)

1169. 헌금과 뇌물

나름대로 하나님의 뜻에 따라 성실히 처리했다고 자부심을 가졌던 일이 나중에 보니 그게 아니었다. 언뜻 보면 그것이 잘된 일인지 잘못된 일인지 분간할 수 없었으나, 뒤쪽 끝부분을 보니 은근슬쩍 무슨 다른 무엇을 기대하고 있었던 흔적이 보였다.

어찌 보면 헌금이 예물로, 예물이 선물로, 선물이 뇌물로 비치기에 충분했다. 게다가 그것이 1건도 아니고 2건이나 되어 주의 종으로서 부끄러움을 느꼈다.

그런데 얼마 후 보니, 비록 그 몸은 보이지 않았지만, 무슨 혓바닥 같은 것이 나타나 뇌물로 비치는 부끄러운 부분을 구석구석 핥고 있었다. 그러자 뇌물로 보이던 것이 지워지고 백지장만 남는 모습이 보였다.

그때 헌금에 대한 원리가 확연히 드러났다. 자신의 믿음에 따라 자원하여 기쁜 마음으로 드리는 것이 헌금이고, 감사하는 마음도 없이 체면치레나 억지로 드리는 것은 뇌물이었다.

그리고 보니 헌금과 뇌물에 대한 구별은 감사와 정성의 유무였다. 헌

금에는 반드시 감사와 정성이 깃들어 있었다. (2012. 3. 12)

1170. 성금과 성검

그리고 새벽녘에 다시 꿈을 꾸었다. 4시경에 일어나 기도하러 예배당에 갔던 자매가 돌아와 방으로 들어오는 모습이 보였다.

자매의 손에 이제까지 보지 못한 성경이 들려 있었다. 보통 성경보다 약간 좁고 길었으며 조금 두텁고 글씨체가 독특하였다.

그런데 자매가 그 성경을 들고, 내가 사명으로 여기며 작업하는 컴퓨터 앞에서, 가장 잘 보이는 곳에 두려고 두리번거리는 모습이 보였다. 그러고 보니 그 성경을 인용하면 보다 읽기 쉽고, 이해하기 쉽고, 은혜롭고, 아름답게 마무리될 것 같았다.

그때 성경책 마지막 부분이 펼쳐지면서 제목이 보였는데, 그것이 '보보(步步) 성금(誠金)'인지 '보보(步步) 성검(聖劍)'인지 확실치 않았다. 그리고 구체적으로 무슨 뜻인지도 몰랐다.

그래서 그 뜻이 무엇인지 곰곰이 생각하고 있을 때, 자매가 실제로 새벽기도를 마치고 방으로 들어왔다. 평시에는 기도하러 나가는 시간이었다. 일찍 나가 기도하고 일찍 돌아왔다. 예배당은 우리가 거처하는 집 바로 옆에 있었다.

기도하고 묵상하며 주님께 여쭤보았지만 여전히 '보보 성금'인지 '보보 성검'인지 알 수가 없었다. 어쩌면 그 둘 다인지 모른다는 생각도 들었

다. 모두 깊은 의미가 깃들어 있었기 때문이다. (2012. 3. 12)

1171. 욕심과 집착

새벽녘에 이상한 꿈을 꾸었다. 어릴 적 살았던 고향 집에서 닭을 키웠다. 바깥에서 놀던 닭들이 해가 저물자 집으로 들어가고 있었다. 그때 닭장 문 바로 앞에서 한 마리가 비명을 질렀다.

가까이 가서 보니 어떤 닭이 그 닭의 머리를 쪼아 정수리에 피가 묻어 있었다. 다른 닭들도 계속 그 닭을 쪼았다. 사실 달구새끼들은 피를 보면 끝장을 보는 못된 성질이 있다. 가엾은 생각에 따로 격리하려고 하였다.

그런데 그 닭이 기괴망측했다. 옆구리가 터져 뱃속에 있는 창자가 드러나 보였다. 게다가 창자에 동전만한 구멍이 2개나 뚫려 있었다. 뱀이 들어갔는지 쥐가 들어갔는지 순간적으로 섬뜩한 생각이 들었다.

더군다나 닭의 면상은 아예 없고 해골 뒷부분만 약간 남아 있었다. 그런 몰골을 하고 어떻게 살아 있는지 의아스러웠다. 격리가 아니라 아예 도태할 필요가 있었다. 모가지를 잘라 땅에 묻어야겠다고 생각했다.

그때 그 닭이 닭장 문 바로 앞에서 풀썩 쓰러지더니 그냥 죽어버렸다. 나머지 닭들은 모두 닭장 안으로 들어가고 닭장 문은 닫혔다.

목덜미까지 발가벗겨 붉은 살점을 드러낸 닭의 대가리가 힘없이 땅바닥에 떨어져 나뒹굴었다. 이미 잘린 모가지를 누가 살짝 끼워 놓은 듯하였다.

다른 닭 중에도 그런 닭이 없는지 자세히 살펴보았으나 다행히 모두 건강하였다. 그래도 병이나 위생이 미심쩍어 닭장을 소독하였다. 분무기로 구석구석을 소독하고 홰에 앉은 닭 아래와 위에도 소독약을 흠뻑 뿌려주었다.

소독약이 얼마 남지 않은 것으로 보였다. 마지막으로 부엌문 처마 밑에 매달아둔 것에도 뿌렸다. 닭 너덧 마리를 잡아 매달아 놓은 것으로 보였으나 분명치 않았다.

그런데 그것을 너무 높이 달아 놓았던바 한참을 헤매다가 부엌 문지방에 올라갔다. 그리고 왼손으로 위쪽 인방을 잡고 오른손으로 남은 소독약을 마저 뿌렸다.

새벽에 일어나 예배당으로 갔다. 기괴망측한 그 꿈이 무슨 의미인지 궁금하였다. 예배당에 들어가 자리를 잡고 앉자 내 입에서 생각지 않은 말이 튀어나왔다.

"부질없는 욕심과 집착이야."

"어, 욕심과 집착?"

그때 내 영혼이 캄캄한 어둠 속에서 밝은 빛으로 나오는 듯하였다. 안갯속을 헤매다가 시원하게 벗어났다. 모든 것이 선명한 모습으로 다가왔다. 며칠 전에 보았던 '보보 성금'과 '보보 성검'의 의미도 밝히 드러나 보였다.

'보보 성금'은 '거룩한 자금도 한 걸음부터'이라는 의미로 다가왔고, '보보 성검'은 '성령의 검도 한 걸음부터'라는 의미로 다가왔다.

올해 들어 빚을 갚고 공동체를 구축해야 한다는 생각에 사로잡혀 안절부절못하고 있었다. 그래서 경매와 공매 등의 재테크에 집착하였다. 그 일이 얼마나 어리석은 것인가를 깨닫게 되었다.

사실 이제까지 그런 일이 어디 한두 번이었던가? 주의 종으로서 사명도 다 때가 있다는 사실이었다. 그 모든 것을 깨닫게 하시고 회개시켜 주신 주님께 감사를 드렸다.

"오, 주여! 그렇습니다. 하잘것없는 달구새끼 창자에 뚫린 2개의 바람구멍은 그야말로 부질없고 하찮은 욕심과 집착이었습니다.

이제 그 구멍을 찾아 막게 하시니 감사합니다. 아니, 아예 그 구멍을 제거하여 주시니 감사합니다. 사실 그 구멍은 아무것도 아니었습니다. 허상이요, 가짜요, 허깨비였습니다.

오, 주여! 이 종을 욕심과 집착의 구렁텅이에서 건져주십시오. 그것은 한낱 티끌이었고 이제 영원히 사라졌습니다. 아멘." (2012. 3. 16)

1172. 대게잡이

지난밤 11시경부터 시작된 다리 저림으로 잠을 설쳤다. 예전에는 진통제와 혈액순환제 등으로 조제한 약을 먹으면 진정되었으나, 이제는 내성이 생긴 탓인지 효과가 많이 떨어졌다.

몸서리나게 징그러운 고통이 찾아올 때마다 사도 바울의 가시가 생각났다. 모르긴 하여도 나와 비슷한 고통을 겪었으리라 생각한다. 그리고 위안을 찾아보지만, 그것도 잠시뿐이었다.

순간순간 떨림으로 온몸이 요동을 칠 때는 차라리 죽었으면 좋겠다는 생각도 든다. 그러다가 잠시 잠이 들었는지 꿈을 꾸었다.

언젠가 벌거벗은 알몸으로 목욕한 적이 있는 강에서 낚시하였다. 강 옆으로 신작로가 이어져 있었다. 5m쯤 되는 옹벽이 가지런히 쌓여 있었고 다소 지대가 높았다. 그 위에 서서 낚시를 하였다. 몇 마리를 잡기는 하였으나 신통치 않았다.

그런데 내 손에 있던 낚싯대가 어느새 반두로 변해 있었다. 반두로 고기를 잡았지만, 그 또한 시원치 않았다. 그러다가 반두의 그물이 쭉 펴지면서 투망이 되어 강에 던져졌다. 그러자 수십 마리나 되는 고기들이 그물에 빼곡히 걸려 올라왔다.

그만하면 손님을 접대하기에 충분한 듯하였다. 그래도 한 번만 더 잡았으면 하는 생각에 다시 투망을 던졌다. 그때 갑자기 불어온 바람에 그물이 휘말리며 강에 떨어졌다. 그래도 뭔가 잡힌 듯했다. 고기가 워낙 많았기 때문이다.

아닌 게 아니라 투망을 끌어올리자 묵직한 손맛이 느껴졌다. 그런데 펼쳐 보니 잔챙이만 펄쩍펄쩍 뛰면서 큰 고기는 없었다. 하지만 약간 불그스름한 대게가 수북이 들어 있었다.

그런데 그 대게 또한 볼품이 없었다. 금방 껍질을 벗은 듯 대부분이 물렁물렁하였고, 다리가 떨어진 것이며, 이미 죽은 것도 보였고, 작은 새끼도 있었다. 옆에서 지켜보던 자매가 말했다.

"괜찮아요. 지금은 다 그래요."

그래서 새끼들은 강에 도로 던져주고, 죽은 것은 한쪽에 버리고, 다소 크고 실한 것만 골라 담았다. 상품 가치는 없었지만 먹기에는 괜찮았다.

(2012. 3. 20)

1173. 검정고무신(1)

그리고 신발 매장에 들렸다. 신고 있는 검정고무신이 낡아 금방이라도 펑크가 날 듯이 보였기 때문이다. 매장에서 골라주는 신발을 신어 보니 너무 헐렁하였다.

신발 끝까지 발을 쑥 밀어 넣었더니 3cm가량 남았다. 사이즈가 4라고 했다. 사이즈 5로 바꿔주겠다고 하면서 판매원이 창고 안에 같이 들어가자고 하였다. 혼자 들어가기가 무서워 그러는 것으로 보여 따라 들어갔다.

창고의 크기도 크고 높이도 높아서 무슨 운동장 같았다. 또 각양각색의 신발과 쌓여 있는 물량을 보고 깜짝 놀랐다. 나는 여기저기 널린 신발에 걸려 지나가기도 힘들었다.

그래서 한참 뒤처져 따라갔다. 판매원이 여기저기 찾다가 저 끝에 있는 문을 열고 들어갔다. 그쪽에도 또 다른 창고가 있었다. 거기서 사이즈 5를 찾아들고 나왔다.

그 신발을 신어 보니 손을 대지 않고 신을 정도로 크지도 않고 작지도 않았다. 그래서 사이즈 4를 돌려주고 사이즈 5를 신고 매장에서 나왔다.

그때 내 손에 낡은 검정고무신이 들려 있었다. 들고 다닐 수 없어 어딘가 버렸으면 하였으나 적당한 곳이 없었다. 그래서 맞은편 산으로 올라갔다.

어느 정도 산을 오르다 보니 오솔길 왼편에 작은 땅굴이 있었다. 그 땅굴 속 왼편에 검정고무신을 가지런히 넣어 두었다. 사람들의 눈에 띄지 않아 오랫동안 그대로 있을 듯하였다. (2012. 3. 20)

1174. 증인의 삶

며칠 전부터 계속 뭔가 불안하고 초조하여 일이 손에 잡히지 않았다. 주님의 뜻을 알아보기 위해 잠시 눈을 감고 묵상하였다. 아닌 게 아니라 주님의 뜻이 계셨다.

'나기사자(나旣死者) 예수내주(예수內住)'

천연덕스러운 나는 죽은 지 20년이 넘었다. 하지만 여전히 살아서 꿈틀거렸다.

'날마다 죽음을 예비하는 자는 행복하다.'

옛사람이 성령님의 감동으로 전한 메시지는 틀림이 없었다. 나 옛사람은 이미 죽었지만, 다시 산 새사람도 예수님 안에 있지 못했고, 육신의 죽음을 예비하지 못하고 있었다.

일찍이 하나님께서 보여주신 3개의 계시가 있었다. 주님께서 은행(대출), 법원(소송), 부동산(사업)과 관련된 일을 모두 청산시켜 주셨던바, 나는 비로소 참 자유와 기쁨과 평화를 누릴 수 있었다.

하지만 지금 돌이켜 보니, 주님께서 내게 그 은혜를 주시고 계시지만, 내가 믿음으로 받아들이지 못해 마무리가 지체되었던 것이다.

'아, 그러고 보니 정말 그랬어. 이제부터라도 주님의 뜻에 순종해야겠어. 그토록 많은 계시와 소스를 주셨건만 내가 우준하여 계속 지나치고 말았어.

은행, 법원, 부동산과 관련된 과제를 믿음으로 주님께 맡기자. 그리고 내가 할 수 있는 일부터 하나하나 실천하도록 하자. 카드, 카드론, 통장 그리고 내가 할 수 없는 신용회복지원금과 연금 대출, 햇살론까지 모두 주님께 맡기자.

그리고 가지고 있는 부동산 매매까지 주님께 맡기고 진정한 자유를 찾자. 그리고 살아계신 주님을 누리며 증인의 삶을 살자.' (2012. 3. 25. 주일)

1175. 레마의 말씀

예레미야에게 임하였던 주님의 말씀이 레마의 말씀으로 다가와 내게 임하였다. 그러자 그동안 알게 모르게 조급해하던 일이 모두 해소되었다. (2012. 3. 26)

'너희가 이 땅에 그대로 머물러 살면, 내가 너희를 허물지 않고 세울 것이며, 내가 너희를 뽑지 않고 심겠다. 내가 너희에게 재앙을 내렸으나, 이제 내가 뜻을 돌이켰다.

너희가 지금 두려워하고 있는 그 바빌로니아 왕을 두려워하지 마라. 내가 너희와 함께 있으면서 너희를 구원하여 주고, 그의 손에서 너희를 건져내려고 하니, 너희는 그를 두려워하지 마라.

내가 너희에게 자비를 베풀어서, 바빌로니아 왕이 너희를 불쌍히 여겨, 너희를 고향 땅으로 되돌려 보내게 하겠다. 이는 나 여호와의 말이다.'(예레미야 42. 10-12)

1176. 테마 공원

하늘 높은 곳에서 내려다보니 대대적인 토목 공사가 진행되고 있었다. 피닉스 테마 공원을 조성하는 공사였다. 기초 공사가 거의 마무리됨과 동시에 인프라가 구축되었다.

그때 큰 장비 하나가 굉음을 내며 달려오고 있었다. 그런데 앞쪽에 큰 구덩이가 보였다. 갑자기 땅이 꺼져 생긴 싱크홀로 짐작되었다. 시급을 요했다.

보다 못해 내가 그 구덩이 앞을 가로막고 서서 장비가 더 이상 다가오지 못하도록 손을 흔들며 신호를 보냈다. 장비가 구덩이 앞에 이르러 멈춰 섰다.

그리고 바로 옆 공사장에서 일하고 있는 인부들에게 사인을 보냈다. 그들 중의 하나가 구덩이 속으로 뛰어들며 뭐라 투덜거리는 모습이 보였다.

그 구덩이 입구 언저리에 있던 바위 덩어리 몇 개가 구덩이 속으로 굴러떨어졌다. 지름이 50cm쯤 되었으며 위험천만하였다. 아니나 다를까 구덩이 안에 있던 그 사람에게 떨어졌다.

그러나 그는 대수롭지 않다는 듯 사뿐히 받아 뭐라 또 중얼거리며 구덩이에 처박았다. 그는 마치 불사조처럼 보였다. 그리고 어느새 구덩이 밖으로 나와 다른 인부들을 불러 구덩이를 메우는 일을 시키고 있었다.

그로부터 얼마의 시간이 지났는지 모르지만, 큰 할인 매장이 오픈을 앞두고 상품이 채워지는 모습이 보였다. 상품을 가득 실은 장비가 통로를 지나며 상품이 덜 채워지거나 비어있는 공간을 마저 채우고 있었다.

그러자 비로소 모든 공사가 마무리되고 편의 시설이 하나씩 둘씩 들어와 자리를 잡았다. 이후 모든 일이 차분하게 착착 진행되었다. (2012. 3. 31)

1177. 저무는 중년

새벽 3시가 조금 못 되어 잠에서 깨어났다. 일어날까 말까 하며 망설이다 다시 자리에 누웠다. 부질없는 생각에 휩싸이지 않으려고 20년 전에 들은 '이제는 네가 산 것이 아니다!'라는 주님의 말씀을 사자성어로 만들어 되새겼다.

"아기사자(我旣死者) 예수내주(예수內住)…"

그러다가 비몽사몽 간 꿈을 꾸었다. 내 의지와는 상관없이 부서장실 문을 열고 들어섰다. 너무 오래만이라 기억조차 희미했다. 그러나 무엇인가 한 가지 보고할 것이 있다는 생각에 자신감이 있었다.

그런데 출입문을 열고 들어서자 내 모습이 어찌나 초라하고 부끄러운지 몸 둘 바를 몰랐다. 머리를 들 수조차 없어 연거푸 굽실굽실하다가 그만 땅바닥에 나자빠지고 말았다.

그 순간 내가 부서장실에 왜 들어왔는지 통 기억이 나지를 않았다. 모든 것이 막막하였다. 부서장은 나를 보고 의외라는 듯 자리에서 일어나 걸어 나오며 물었다.

"무슨 일이 있습니까?"

"아, 예…"

나는 아예 말문이 막히고 말았다. 그동안 뚜렷하게 하는 일도 없고 할 일도 없었던바 보고할 것도 당연히 없었다. 그때 30대 중반인 줄로 알았던 내가 50대 후반이라는 사실도 깨달았다. 남들처럼 무엇인가 자신 있게 보고도 하고 인정도 받고 싶었으나 그러지를 못해 너무 안쓰러웠다.

그리고 돌아보니 한 가지 생각나는 일이 있었다. 나뭇단 위에 작은 생선 한 마리를 올려놓고, 그걸 야금야금 뜯어먹으며 오랜 세월을 지내고 있다는 것이었다. 그 외에는 아무것도 생각나는 것이 없었다. 그래서 차마 얼굴을 들 수 없었다.

"오, 주여! 이 무능한 종을 용서하여 주소서. 아무것도 하는 일이 없고 할 일도 없이, 날이면 날마다 세월만 죽이는 이 부덕한 종을 불쌍히 여겨주소서." (2012. 4. 13)

1178. 양보의 미덕

일상적인 근무를 하다가 점심시간이 되어 구내식당으로 내려가고 있었다. 경사로를 따라 쭉 내려가면서 보니 내 모습이 너무 이상하였다. 허름한 양복에 넥타이를 매기는 하였으나 검정고무신을 신고 있었다.

그것도 너무 작아서 엄지발가락이 툭 튀어나와 어색하기 그지없었다. 그러나 평소 털털한 스타일로 생각하니 괜찮아졌다. 아침에 무슨 딴생각을 하다가 구두 대신 고무신을 신고 나온 것이 분명하였다.

그리고 식권을 사기 위해 매표소 앞에서 줄을 서 기다리고 있었다. 내가 맨 앞에 서 있는 것으로 봐서 내 차례가 분명하였다. 그런데 내 뒤에 있는 사람이 먼저 돈을 내고 매표원과 이야기를 나누고 있었다.

"이것 말고 새로 쓸어서 줘."

그러고 보니 매표원의 손에 칼국수가 들려 있었다. 화장을 짙게 한 매표원 아가씨가 직접 칼국수를 쓸어 팔고 있었다. 식권 대신에 칼국수를 직접 파는 것이 특이했다. 그런데 그 칼국수가 쓸어놓은 마지막 것으로 약간 말라 있었다. 그래서 그가 새로 쓸어서 촉촉한 것으로 달라고 하였다.

창구 밖에서 다시 안으로 가져가 내려놓은 칼국수를 보니 뒤쪽 부분이 약간 덜 쓸려 넓적하게 붙어 있었고, 바싹 마르긴 하였으나 끓여서 먹기에는 아무 지장이 없어 보였다.

그래서 내가 그것을 사려고 하였더니 그마저 뒤에 있는 사람이 사겠다고 먼저 말했다. 그리고 3개를 사야 한다고 하면서 2개를 더 쓸어 달라고 하였다. 나는 1개만 필요해서 내가 사면 좋겠다고 생각했으나 말을 꺼내기가 쉽지 않아 그대로 기다리기로 하였다.

그 아가씨가 미리 밀어서 말아둔 반죽으로 칼국수를 쓸기 시작하였다. 그러면서 약간의 불평을 했다. 노처녀의 히스테리처럼 느껴졌다.

"내가 이 나이에 이런 일을 언제까지 계속해야 하나?"

그때 나는 이런 생각이 들었다. 하지만 나와 상관이 없을 뿐만 아니라 그럴 이유도 없고 귀찮아 속으로만 중얼거렸다.

'그러니까 미리미리 쓸어놨어야지. 아니면 누가 옆에서 쓸어주든가.'

그리고 얼마 후 사무실에서 한 동료가 말했다.

"오랜만에 장기나 한 판 두지."

"그럴까? 그런데 너무 오래되어서."

평소 거절하지 못하는 성격이라 그렇게 말하고 그가 있는 곳에 가보니 장기판이 놓인 책상 위가 잡동사니로 난장판이었다. 정신이 하나도 없었다. 깔끔한 것을 좋아하는 내 성격과 맞지 않아 한마디 하였다.

"우선 책상부터 좀 정리하고."

그래서 나는 한참 동안 정신없이 책상을 정리하였다.

"이제 되었군."

그리고 돌아보니 바로 옆에서 다른 사람이 이미 장기를 두고 있었다. 장기를 두자고 했던 그는 옆에서 구경하였다. 어이가 없어 그를 쳐다보았더니 머리를 긁적이며 겸연쩍어하였다. 책상을 정리한 것으로 만족하고 나는 내 자리로 돌아갔다. (2012. 4. 14)

1179. 양계 사업

새벽녘에 영적으로 의미 있는 꿈을 꾸었다. 포란하는 닭을 보기 위해 밤 2시에 일어나 밖으로 나갔다. 사방이 칠흑같이 어두웠다. 안 되겠다

싫어 다시 방으로 돌아와 손전등을 찾아들고 불을 비추며 갔다.

그런데 갑자기 주변이 으스스하였다. 플래시를 사방으로 두루 비추어 보았다. 아닌 게 아니라 교회당 철망 앞에 어떤 사람이 우뚝 서 있었다. 소름이 쫙 끼쳤다. 게다가 목 위로는 보이지 않고 목 아래 몸뚱이만 보였다.

그 순간 즉감으로 악하고 추잡한 훼방꾼이라는 사실을 알았다. 그를 향해 플래시를 비추자 납작 엎드려 앉은걸음으로 살금살금 병아리를 키우는 간이육추장 옆으로 지나갔다.

우리가 양계를 못 하게 하려는 듯했다. 계속 따라가며 플래시를 비추자 그제야 눈치를 채고 멀리 달아났다. 그 모습을 보니 왠지 씁쓸하였다. 그는 우리가 성심성의껏 그야말로 물심양면으로 도와준 사람이었다.

그는 소위 가방끈이 짧았지만, 심성이 매우 착한 사람이었다. 그런데 뿌리 깊은 불신앙으로 자신도 모르게 악한 자의 하수인이 되어 살고 있었다. 그는 자기에게 친절히 대하고 은혜를 베푸는 사람만 찾아다니며 어렵게 하는 특징이 있었다.

지난 2월부터 지금까지 종란 173개로 6차례 부화기를 돌렸다. 그리고 한 번은 어미 닭이 포란하였다. 그런데 1마리는 파각하고 나오기 직전에 죽었고, 1마리는 부화한 다음에 창자가 튀어나와 죽었으며, 3마리는 부화한 후에 까닭 없이 죽었다.

나중에 알고 보니 어미 닭이 자기 새끼가 아니라고 고의로 쪼아 죽인 듯하였다. 어미 닭은 몸이 작고 노란 경북형 토종닭이었고, 부화한 병아리는 몸이 크고 검은 우리맛닭이었다.

그리고 나머지 167개는 모두 썩어 개에게 주었다. 그래서 지금 기계로 부화한 경북형 토종닭 병아리 1마리만 어미닭이 키우고 있다. 병아리 부화까지 악령의 손길이 미칠 줄은 정말 몰랐다.

어제 본가에서 가져온 알 17개와 우리 닭이 낳은 알 17개, 그리고 꿩알 3개를 합쳐 37개를 다시 부화기에 넣었다. 훼방꾼이 쫓겨났으니 이번에는 성공하리라 믿었다.

7전 8기라는 말이 있지 않은가? 올봄 마지막 부화 사업을 위해 새벽에 기도하였다. 믿음과 확신으로 자신감이 넘쳤고 오랜만에 기쁨이 솟구쳤다. (2012. 5. 4)

1180. 음식의 영성

오늘은 조금 떨어진 무창에서 초등학교 총동문회 체육대회가 있었다. 어젯밤에 전야제가 있어 잠시 들렀다. 오랫동안 보지 얼굴들이 그리웠기 때문이다.

20여 명의 동창들이 모여 있었다. 얼굴이 너무 변하여 낯선 사람처럼 보이는 친구들도 있었고, 이름조차 까물까물한 친구들도 있었다.

약 1시간 정도 그들과 함께 앉아 먹고 마셨다. 음료수를 받고 술을 따라 주었다. 목회자로서 술을 따르기가 체면상 쉽지 않았으나 그냥 가만히 있을 수 없었다. 거룩한 척, 경건한 척 보이기가 싫었다. 그리고 회장에게 살짝 얘기하고 집으로 돌아왔다.

그런데 그로 인해 밤잠을 설쳤다. 술이 음식이긴 하지만 하나님께서 어떻게 생각하실까 하는 걱정 때문이었다. 이리저리 나뒹굴다 동틀 무렵에 잠시 잠이 들었는지 꿈을 꾸었다.

한 친구가 나를 의식하였다. 자기도 바르지 않으면서 나도 바르지 못하게 기름에 표시를 해두고, 유심히 나를 지켜보고 있었다. 나는 그에게 누를 끼치지 않으려고 그가 먼저 기름을 바르도록 기다리고 있었다.

그러나 그는 여전히 기름을 바르지 않고 있다가 무슨 표시를 하고 잠시 자리를 비웠다. 손을 대지 못하게 힐끔힐끔 나를 쳐다보면서 자리를 떴다. 나는 기다릴 만큼 기다렸다는 생각에 머리에 기름을 바르고 빗으로 가지런히 빗어 넘겼다.

그러자 그가 돌아왔다. 이미 기름은 발라지고 머리는 빗겨진 상태였다. 그는 어쩔 수 없다고 생각하면서도 나를 향해 얼굴을 찡그리며 불만을 표시하였다.

그렇게 머리에 기름을 바르는 것이 끝났다. 그리고 나오면서 보니 행사 때 사용하고 남은 소금을 판다고 하였다. 그래서 주머니를 털어 그 소금을 샀다.

어느덧 식사 시간이 되었다. 모두 줄을 서 식당으로 들어가고 있었다. 나도 그들 틈에 끼어 있었다. 그런데 그때 나는 식대가 없었다.

앞뒤 사람에게 빌려달라고 하였으나 모두 난색을 보였다. 하지만 걱정하지 않았다. 식당 종사자들이 한때 나와 함께 일한 적이 있었던바, 외상으로 주겠거니 생각하였다.

이윽고 배식 창구에 이르렀다. 낯익은 영양사가 식권을 받고 있었다.

우선 먹고 집에 갔다 와서 식대를 주겠다고 하였다. 하지만 그녀는 얼굴을 찡그리며 난색을 보였다.

주방장도 알고 종사자도 다 알았지만 두말하지 않고 돌아 나왔다. 그 때 등 뒤에서 사람들의 소리가 들렸다. 그냥 돌아오라는 것 같기도 하고, 야유를 퍼붓는 것 같기도 하였다. 아랑곳하지 않고 그냥 집을 향해 걸어갔다.

잠시 잠깐 꾼 꿈이었지만 음식을 먹지 못하고 돌아온 것이 영 꺼림칙하였다. 뭔지 모르지만 내가 하나님 앞에 잘못한 일이 있어 은혜를 받지 못한 것이 아닌가 싶었다.

그래서 새벽기도를 드리면서 주님 앞에 용서를 구했다. 그러다가 시편 84편 말씀을 보고 위로를 받았다.

"오, 우리의 방패이신 하나님이시여, 주께서 기름 부음 받은 이의 얼굴을 돌봐주소서. 주의 뜰에 하루 있는 것이 다른 곳에 천 날 있는 것보다 낫습니다.

악인들의 장막에 있느니 문지기로서라도 차라리 내 하나님의 집에 있겠습니다. 여호와 하나님은 해요 방패시니, 여호와께서 은혜와 영광을 내려주실 것입니다. 정직하게 행하는 사람에게 좋은 것을 아끼지 않으실 것입니다.

오, 만군의 여호와여, 주를 의지하는 사람은 복이 있습니다. 아멘."

(2012. 5. 27. 주일)

1181. 짝짝이 신발

어느 곳에서 한동안 일하다가 때가 되어 떠나려고 하였다. 그런데 신발을 신지 않은 맨발이었다. 여기저기 찾아보니 논두렁 옆에 신발이 있었다.

하지만 짝짝이 3개였다. 왼발 고무신 한 짝과 오른발 슬리퍼 한 짝, 구두 한 짝이었다. 정말 난감하기 짝이 없었다. 그러나 어쩔 수가 없었다.

먼저 왼발에 고무신을 신고 오른발에 구두를 신었다. 구두 속에 발을 쑥 밀어 넣었더니 뒤꿈치에 2, 3cm가량 공간이 있었다.

구두가 발보다 너무 컸다. 그래서 슬리퍼를 신고 그 위에 다시 구두를 신었다. 그렇게 짝짝이 신발 3개를 다 신었으나 그래도 헐렁거렸다.

그런데 언제 다가왔는지 한 청년이 튼튼한 끈으로 슬리퍼와 구두를 신은 내 오른발을 단단히 묶어주었다. 그러자 나는 걸을 수가 있었다. 참으로 다행이라는 생각이 들었다. 그 청년이 너무 고마웠다.

새벽에 본 이 꿈이 무슨 의미인지 몰라 기도하였으나 명쾌한 해답을 얻지 못했다. 하지만 어렴풋이 짐작 가는 데가 있었다. (2012. 5. 29)

1182. 씀씀이 경고

보따리 3개를 싸서 장롱 위에 올리고 있었다. 아무래도 안정감이 없었다. 아예 장롱 위로 올라가 이리저리 자리를 바꿔보았으나 여전히 흔들거렸다. 더 이상 어쩔 방법이 없어 도로 내려왔다.

그때 보자기가 바닥으로 쏟아져 내리면서 모두 풀어 헤쳐졌다. 옷가지들이 방 한쪽 구석에 수북이 쌓였다. 사람들의 눈길이 모두 내게로 쏠렸다. 나도 모르게 소리쳤다.

"이제 이것의 50%를 불태워 소각하겠다!"

그때 낯익은 얼굴이 보였다. '영명과 현명'이라는 옛 친구였다. 나보다 6살쯤 많아 형처럼 또는 친구처럼 지냈다. 그런데 오랜 세월 탓인지 얼굴에 주름도 많이 생기고 살도 빠져 노인처럼 보였다. 하긴 60세가 넘었으니 그럴 만도 했다.

하지만 그의 얼굴에는 기쁨이 넘쳤다. 그가 싱글벙글 웃으며 자랑스럽다는 듯이 말했다.

"오랜만에 기회가 주어져 물건을 납품하게 되었지. 공권력에 의한 독점이었으나 조건이 외상이었어. 아무리 공권력에 의한 안전판이 있다고 해도, 경제가 이렇게 어렵고 불투명한 가운데 외상 거래는 부담이 될 수밖에 없었어.

그래서 망하는 한이 있더라도 나는 현찰 거래로 밀어붙였지. 처음에는 다소 어려운 점도 있었지만 이내 해소되었어. 그 결과 그동안 그렇게 어렵던 생활이 해소되고 제자리를 찾았어."

그리고 보니 지난 3일간 신용카드를 너무 많이 쓴 것이 생각났다. 서울과 캐나다에서 온 생질과 조카사위에게 베푼 대접이었지만 분수에 넘친 씀씀이를 하나님께서 경고하신 듯하였다. (2012. 6. 7)

1183. 목자 없는 양

어디서 예배를 인도하고 있었다. 내가 서 있는 강단에 사람들이 오르락내리락하였다. 목자 없는 양과 같다는 생각에 대수롭지 않게 여기며 그대로 두었더니, 나중에는 심각한 훼방꾼으로 다가왔다.

이 사람 저 사람이 서로 보조를 맞추며 내 주변을 맴돌아 정신이 하나도 없었다. 그러고 보니 믿지 않는 사람들로서 불경스럽기까지 하였다. 참다못해 소리를 질렀다.

"내 강단이야! 물러가! 오지 마!" (2012. 6. 20)

1184. 일의 등급

쉬지 않고 부지런히 일하였으나 가시적인 효과가 없어 늘 아쉬운 마음이 들었다. 그러던 어느 날, 다 같은 일에도 등급이 있다는 사실을 알았다.

대감(大感), 대실(大實), 대길(大吉), 그리고 1, 2, 3, 4, 5…로 쭉 이어졌다. (2012. 6. 30)

1185. 도움과 부담

이해가 되지도 않고 무리라는 판단이 들었지만, 누군가에 의해 1,500만 원이라는 돈이 청구되었다. 그런데 생각 밖으로 쉽게 받아들여져 아무 조건 없이 수령하게 되었다.

그때 돼지 떼가 있다가 돼지감자를 먹었는데, 그 가치가 1,500만 원이나 되었다. 그래서 일방적 도움에 대한 부담이 일시에 사라졌다. (2012. 7. 1. 주일)

1186. 끝없는 산전

나름대로 부지런히 일하였으나 열정도 없고 성과도 없어 안타까운 마음이 들었다. 그렇게 그럭저럭 지내다가 어느덧 떠날 날이 되었다. 그런데 내일도 주어진 일이 있었다. 마지막으로 그 일을 해야 했다.

플라스틱 상자에 가득히 담긴 종자가 밭둑에 차곡차곡 쌓이고 있었다. 그것이 무려 1,000개나 되었다. 너무 많은 분량이었다.

"저 많은 것을 무슨 수로 다 심는담?"

그리고 상자 속을 살펴보니 한약처럼 즙을 짜서 담은 팩이 수북수북 담겨 있었고, 너무 많아 미끄러지고 있었다.

"그것 참, 이상도 하구먼."

다음 날 아침이 되었다. 날이 밝자 작업할 준비로 모두가 분주했다. 옆으로 끝없이 이어진 산전이 보였다. 그 밭에 모든 종자를 심어야 했다.

여인들은 아침 준비로 바빴다. 아침은 빵과 우유였다. 처마 아래쪽에 갖다 놓자 하나씩 들고 가서 먹었다. 그때 동네 청년들이 활기찬 모습으로 우르르 몰려왔다. 모두 대여섯 명쯤 되었으며 그들이 동네 청년 전부였다.

누군가 사전에 부탁한 듯이 보였다. 박스를 옮기는 일부터 힘든 일은 그들이 도맡아 하였다. 남자가 나 하나밖에 없어 걱정하였는데 천군만마를 얻은 기분이었다.

"이제야 안심이 되는군." (2012. 7. 5)

1187. 아쉬운 결재

일을 하기는 하였으나 별로 의욕이 없었다. 그저 그렇게 틀에 박힌 대로 기안문을 작성하여 결재를 올렸다. 그러고 보니 내가 사인을 하지 않았다. 그래서 다시 올려야겠다고 생각했으나 그것도 미적거렸다.

그때 예산과장이 불러 가보니 회계과장이 옆에 있었다. 회계과에 근무하다가 예산과로 자리를 옮긴 나는 그들을 잘 알고 있었다. 회계과장이 미소를 머금으며 눈인사를 하였다.

예산과장이 결재를 올리라고 하면서 일건 서류를 건네주었다. 무슨 양식처럼 보이는 네댓 가지가 뒤에 붙어 있었다. 회계과장이 필요해서 부탁한 것으로 보였다.

지출관인 회계과장이 필요해서 재무관인 예산과장에게 부탁한 것이었다. 실무자인 내가 결재를 올리면 그 즉시 처리되었다.

그런데 그것이 바로 내가 결재를 올리려던 건이었다. 그래서 즉각 처리하려고 서둘러 나오다가 그만 현실로 돌아오고 말았다. 아무리 꿈이지만 결재를 올리지 못하고 깬 것이 못내 아쉬웠다. (2012. 7. 14)

1188. 깨어 있으라

아침 식사 후 식곤증이 찾아왔다. 11시 예배까지 다소의 시간적 여유가 있어 잠시 눈을 붙였다가 다시 꿈을 꾸었다. 과장의 지시를 받고도 어영부영하였는지 독촉을 받고 허둥지둥 책상으로 달려갔다.

그런데 얼마나 책상을 떠나 있었는지 결재 서류가 책상에 있지 않고 우측 파일박스 위에 있었다. 클립으로 무슨 영수증 같은 것이 결재판 위에 끼워져 있었다.

대금을 이미 지급했다면 기안을 다시 해야 했다. 허둥대다가 보니 과장이 나를 지켜보고 있었다. 그때 깨어났다. 예배 시간이 가까웠다.

그래서 결국은 또 결재를 올리지 못하고 깨어나게 되었다. 무엇인가 늘 1% 부족하다고 생각되어 기도드렸더니 항상 깨어 있으라는 경고의 말씀으로 다가왔다. (2012. 7. 15. 주일)

1189. 아쉬운 마음

포장된 선물 2개를 받았다. 하나는 성경만한 납작한 것이었고, 다른 하나는 그보다 좀 작았으나 높고 두터웠다. 2개를 포개 들고 건물과 건물 사이를 지나다가 체조하는 사람들을 만났다.

무슨 선물인지 얼른 보고 싶은 마음에 서둘러 사무실로 돌아가고 싶었지만, 그런 내 모습이 체조하는 사람들에게 어떻게 비칠까 두려웠다.

그래서 선물을 한쪽에 두고 그들 틈에 끼어 체조를 하였다. 그러다가 그만 꿈에서 깨어나고 말았다. 무엇인가 여전히 부족하다는 생각에 아쉬운 마음을 금할 수가 없었다. (2012. 7. 16)

1190. 까까머리

스스로 내 머리를 깎았다. 면도기로 뒷머리를 밀고 앞머리까지 밀자니 너무 이상할 것 같았다. 그래서 자매에게 보기 싫지 않도록 그냥 고르라고 하였다. 그리고 얼마 후 보니 앞머리까지 모두 빡빡 밀어 그야말로 까까머리가 되었다.

그런데 이마 바로 위에 1원짜리 동전만한 크기로 머리털 2개가 동그랗게 남아 있었다. 너무 이상하여 그마저 면도기로 밀었더니, 그제야 모든 머리털이 깨끗이 깎인 듯하였다. 한편으로 시원한 느낌도 들었지만, 한편으로는 여전히 이상하였다.

그리고 새벽에 일어나 기도할 때 주님께서 고린도전서 10장 23절 이하의 말씀을 주셨다.

'무엇이든 할 수 있는 자유가 있다고 해서 그것이 다 유익한 것이 아니며, 또 그것이 다 덕을 세우는 것도 아닙니다. 누구든지 자기 유익을 생각하지 말고 남의 유익을 생각해야 합니다.' (2012. 7. 17)

1191. 더벅머리

까까머리에 마우스를 한번 슬쩍 갖다 대자 원래의 더벅머리로 복원되었다. 어쩐 일인가 싶어 다시 해 보았더니 마찬가지였다. 그래도 미심쩍어 또다시 시도해 보았으나 역시 마찬가지였다. 그제야 그것이 사실임을 확연히 믿게 되었다.

그때 작은 닭장이 보이고 닭장 안에 있는 닭들도 보였다. 그런데 1마리가 밖으로 나와 안으로 들어가지 못하고 이리저리 배회하였다.

그러다가 나를 보고 위험을 느꼈는지 부리로 철망을 들고 순식간에 안으로 들어갔다. 그러자 그 주변에서 조심조심 모이를 쪼아 먹던 다른 닭 2마리도 그와 같은 방법으로 부리로 철망을 들고 쏜살같이 들어갔다.

그때 시계의 자막이 5시 13분을 가리키는 모습이 보였다.

"아니, 벌써?"

하면서 눈을 뜨게 되었다. 아닌 게 아니라 정말 텔레비전 위에 놓인 위성 방송 셋업박스 자막이 5시 14분을 가리키고 있었다.

"아니, 정말?"

하고 자리에서 벌떡 일어났다. (2012. 7. 20)

1192. 마지막 싸움

진흙탕 속에서 우여곡절을 겪으며 여러 난관을 헤치고 나와 보니 저만큼에 내 신발 한 짝이 벗겨져 있었다. 감각이 없어 눈으로 확인한 후에야 누가 볼 새라 슬그머니 가서 얼른 신발을 집었다.

탄탄하게 끈이 꽉 매인 등산화가 언제 어떻게 벗겨졌는지 의아하였으나 그런 것을 생각할 여유가 없었다. 신발 속에 진흙이 가득 들어 있었다.

신발이 벗겨진 발에도 진득진득한 개흙이 더덕더덕 달라붙어 있었다. 얼렁뚱땅 대충 걷어내고 신발을 신은 후 갈 길을 계속 가려고 하였다.

그때 평소 내가 자주 신는 검정고무신이 뒤쪽에 보였다. 다행히 두 짝이 나란히 있었다. 다행이라 생각되어 얼른 집어 들고 다시 출발하려고 하였다.

그런데 막상 떠나려고 하니 뭔가 서운한 느낌이 들었다. 그래서 마지막으로 그동안 내가 살던 오두막을 한 번 더 훑어보려고 하였다.

거적문을 열고 안으로 들어가 보니 저만큼 있는 걸레 조각에서 이상한 기운이 감돌고 있었다. 아닌 게 아니라 그 걸레 조각이 점점 이상해지더니 작은 용으로 변해 나에게 덤벼들었다.

그냥 가만히 서서 당할 수가 없었다. 왼손으로 대가리를 잡고 오른손으로 몸통을 잡았다. 그리고 젖 먹은 힘까지 다해 모가지를 비틀었다.

용도 만만찮게 저항하였다. 앞발로 내 왼쪽 손등을 움켜잡고 뒷발로 내 오른쪽 손등을 움켜잡았다. 갈고리처럼 날카로운 용의 발톱이 내 손등을 파고드는 듯하였다.

그러다가 용의 발톱이 쪼그라들기 시작하더니 발가락으로 들어가고 보이지 않았다. 아울러 용의 대가리와 몸통이 축 늘어졌다. 힘이 다 빠져 죽은 것으로 보였다. (2012. 8. 10)

1193. 너의 빈자리

그리고 다시 꿈을 꾸었다. 끝이 보이지 않아서 바다인지 호수인지 알 수도 없었고, 짙은 잉크처럼 거무칙칙한 물로 인하여 그 깊이가 얼마나 되는지 가늠할 수도 없었다.

그 흉흉한 물속에 무시무시한 괴물이 살고 있는 것처럼 느껴져 소름이 쫙 끼쳤다. 그런데 영문도 모르고 다짜고짜 그 물속으로 뛰어드는 내 모습이 보였다. 두려움을 느끼면서도 한편으로 무슨 짜릿함 같은 것이 있었다.

내 발이 물에 닿는 순간 두꺼운 방석 같은 것이 쫙 펼쳐져 그 위에 털썩 주저앉았다. 두께가 50cm쯤 되는 무슨 지방층이나 비누처럼 느껴졌다.

그래서 물 밖으로 사뿐히 걸어 나왔다. 그리고 보니 내 주변에만 순간

적으로 지방층이 생기는 듯하였다. 그때 저만큼 물 가운데서 수영을 하며 나오는 자매가 있었다.

나와 함께하는 자매였다. 많이 지친 듯하였다. 내가 앉았다가 나온 지방층까지 따라 나왔다. 이리저리 지방층을 헤치며 나오던 자매가 지방층 사이 구멍 속으로 쑥 들어가는 모습이 보였다.

깜짝 놀라 얼른 뛰어들어가 구하려고 하였다. 그런데 어느새 자매가 물 밖으로 나와 있었다. 며칠 전 서울로 올라간 자매에게 무슨 일이 있는지 궁금하였다.

새벽기도를 마치고 늘 하던 대로 닭장으로 갔다. 닭장 문을 열고 물을 갈아주던 중 한 달 남짓 된 꺼병이 한 마리가 내 머리 위로 빠져나와 멀리 날아가 버렸다. 4마리 가운데 1마리가 사라지자 남아 있는 3마리가 너무 쓸쓸해 보였다. (2012. 8. 10)

1194. 파랑새의 집

세월이 흐르자 약간 경사진 언덕에 계단식 2층 주택이 세워지는 모습이 보였다. 실내에 칸막이가 없어 그야말로 운동장 같았다. 2층에 올라가 보니 어느덧 공사가 완료되어 내부까지 마무리되어 있었다.

고급스러운 피아노가 출입문 왼쪽에 있었다. 교회를 개척하면서 딸의 피아노까지 가져와 늘 아쉬운 마음이 있었는데 무거운 짐을 내려놓은 듯 위안을 받았다.

또 자매가 뜨개질로 짠 하얀 자수가 그 넓은 바닥에 깔려 있어 신선한 느낌도 들었다. 난생처음 느껴보는 풍성하고 아늑함이었다. (2012. 8. 15)

1195. 쌍무지개

이른 아침에 일어나 밖으로 나가 보니 방금 쏟아진 소나기로 쌍무지개가 떠 있었다. 교회당 십자가를 활처럼 감싸고 있는 한 쌍의 무지개가 너무 아름답고 선명하였다. 금방이라도 내 손에 잡힐 듯했다.

그때 하나님께서 우리 교회를 향하신 숭고한 뜻이 분명히 있음을 느꼈다. 그 표시로 쌍무지개가 우리 교회당을 동서로 포근히 감싸고 있었다.

"오, 주여! 주님의 뜻을 우리 교회를 통해 이루어주소서. 종이 주님의 뜻을 깨닫지 못하고 그 일을 그르치는 일이 없도록 도와주소서. 아멘."

(2012. 8. 22)

제39편

오타쿠 신앙

1196. 손님 접대

영적 의미가 깃든 여러 가지 꿈을 꾸었으나 메모를 하지 않아 거의 잊어버렸다. 기록에 남길 수가 없어 안타까운 마음이 들었다.

교인 없는 예배당만 쭉 지키고 있다가 어느 손님을 맞아 접대하였더니 식사대 보조금으로 100만 원이 나왔다. 얼마 후 한국교회를 대표하는 연합회 회장 목사님이 찾아와 다시 100만 원을 주었다.

'무심한 세월은 흘러만 가고 기력은 점점 쇠하는데, 과연 내가 주님 앞에 설 수 있을까?'

'사랑의 빚 외에는 아무 빚도 지지 말라고 하였는데, 이제까지 살아오면서 진 빚을 어떻게 갚을 수 있을까?'

이런저런 생각으로 엎치락뒤치락하다가 깨어지고 부서지는 무수한 조각들을 보았다. 아무짝에도 쓸 수 없는 폐기물처럼 보였지만, 그 이면에 영원히 변하지 않는 하나님의 말씀이 새겨져 있었다.

작은 조각이든 큰 조각이든, 모든 조각에 조금도 부족함이 없는 하나님의 말씀이 독립적으로 쓰여 있었다. 그때 마태복음 25장 40절 말씀이 떠올랐다.

'여기 있는 형제 중에 지극히 작은 자 하나에게 한 것이 곧 내게 한 것이다.' (2012. 9 .6)

1197. 예수 그리스도

지난여름에는 폭염으로 아무것도 하지 못한 채 허송세월만 하였고, 가을을 맞아 무엇인가 좀 하려고 했으나 알레르기 비염이 재발하여 약 먹고 자는 일만 되풀이되었다.

무엇 하나 되는 일도 없고 안 되는 일도 없이 그저 그렇게 초조하기만 하였다. 잠자리에 들기는 하였으나 이런저런 생각으로 며칠째 뒤척이며 꿈을 꾸었다.

오늘은 비몽사몽 중에 바둑을 두다가 삼패(三覇)가 난 형국을 맞았다. 그야말로 끝없이 이어지는 패로서 승부를 기대할 수 없었다.

피로에 지칠 대로 지친 내 모습이 보였다. 내가 따 먹으면 상대방이 따 먹고 상대방이 따 먹으면 내가 또 따 먹어야 했다. 지루한 게임이 계속되었다. 잠시도 쉴 틈이 없었다.

모든 것을 포기하고 푹 쉬고 싶었다. 하지만 그럴 수가 없었다. 내가 쉬면 내가 죽고 상대방이 쉬면 상대방이 죽었기 때문이다. 나중에는 정말 죽고 싶었다.

"아, 이것이 인생이란 말인가?"

그때 누군가 속삭이는 소리가 들려왔다.

"그렇다! 그것이 인생이다."

"만사형통한 사람도 있잖은가?"

"아니다! 그렇게 보일 뿐이다."

"이제 다 포기하고 쉬고 싶다."

"누구나 죽을 때는 그렇게 한다."

"아직 그때가 아니라는 말인가?"

"그렇다! 아직 그때가 아니다."

"좀 더 편히 살 방법은 없는가?"

"있기는 하지만 하기 나름이다."

"그 길을 가르쳐 줄 수 있는가?"

"있다. 하지만 믿기 나름이다."

"무엇을 어떻게 믿으란 말인가?"

"바로 예수 그리스도다. 그를 믿고 그에게 모든 것을 맡기면 된다."

"오, 주여! 이 부족한 종을 용서하여 주소서." (2012. 9. 8)

1198. 빈자의 여유

'영원한 명철'이라는 크리스천 친구와 이른 아침에 운동을 나갔다. 그는 나와 동년배로서 직장 동기였다. 몸은 건강하지 못했으나 매우 지혜로웠다.

논두렁에 이슬이 많았다. 우리가 소작하는 논을 살펴보고 옆집 친구네 논도 보았다. 우리 논은 괜찮았지만, 친구네 논에는 잡초가 많았다. 골에 자란 잡초가 벼보다 더 무성하여 논인지 밭인지 분간이 어려웠다.

그런데 그가 논두렁에 앉아 무엇인가 만지작거리더니 논 옆에 있는 공터에 차꼬를 놓았다. 차꼬가 끈으로 연결되어 있었다. 그때 꿩 4마리가 차꼬 옆으로 다가왔다.

"꿩이 왔어!"

"기다려 봐!"

2마리는 차꼬 왼쪽으로 지나가고 2마리는 오른쪽으로 갔다. 1마리가 왼쪽으로 방향을 틀다가 차꼬에 발이 빠졌다.

"철커덕!"

"1마리가 잡혔어!"

"그럴 거야!" (2012. 9. 9. 주일)

1199. 무심한 달력

까맣게 잊고 있었던 산장을 오밤중에 찾아갔다. 호젓한 방에 누워 날이 새기를 기다렸다. 한가하고 편안하다는 느낌도 들었으나 어떻게 여기까지 오게 되었는지 무섭다는 생각도 들었다. 산장이 깊은 산 속 계곡에 있었고 인적이 드물었기 때문이다.

캄캄하고 텅 빈 방에서 얼마의 시간이 지났는지 이윽고 동녘이 밝아왔다. 어둠이 물러가고 산장의 위치가 드러나면서 아래쪽으로 계곡이 훤히 보였다. 3면이 유리로 된 컨테이너 하우스 속에 내가 있었다.

계곡을 따라 길고 반듯하게 자리 잡은 컨테이너 왼쪽 끝이 큰 고목 둥치에 얹혀 있었다. 그것이 주춧돌 같은 역할을 하였다. 남남서향으로 완만하게 내려가는 계곡 아래쪽으로 민가도 몇 채 있었고, 길가에는 아이들이 뛰놀았다.

그런데 컨테이너 바로 아래쪽 왼편 기슭에 개집이 하나 있었다. 개도 한 마리 보였다. 우리가 키우는 개였으나 그동안 까맣게 잊고 있었다. 얼마나 굶었는지 힘이 하나도 없었다.

목줄도 탱탱 감겨 개집 앞에서만 뱅글뱅글 맴돌고 있었다. 다행히 개집 위에서 미끄러져 내려온 썩은 나무에 눈이 얹혀 그것으로 목을 축인 듯하였다. 개집 위쪽에는 멧돼지 새끼들의 보금자리도 있었다.

그때 아이들이 늑대의 탈을 쓰고 몽둥이를 들고 개에게 다가오는 모습이 보였다. 허기진 개를 놀리며 때리려고 하는 듯하였다.

"야, 이놈들아!"

하고 소리를 버럭 질렀다. 그러자 아이들이 물러갔다. 우선 개에게 밥부터 주어야겠다는 생각이 들었다. 컨테이너 우측에 작은 문이 보였고, 그 안에 부엌이 있었다.

부엌 왼쪽 구석에 작은 냉장고가 있었다. 어디선가 바람 소리가 들렸다. 아닌 게 아니라 냉장고 위쪽 냉동실 문이 삐죽이 열려 있었다.

"이런, 빌어먹을!"

언젠가 덜렁거리다가 문을 제대로 닫지 않은 자매를 의식하여 신경질을 냈다. 다행히 냉동고 안에는 눌린 보리쌀과 같은 건조한 곡류만 가득 들어서 크게 상한 것은 없는 듯하였다.

그래서 그 보리쌀을 끓여 개에게 주어야겠다는 생각으로 한 봉지를 터뜨리자 붉은 물이 쏟아졌다. 하지만 속에는 새하얗고 잘 마른 보리쌀이 그대로 들어 있었다. (2012. 9. 11)

1200. 햇살 가득히

이는 환상이 아니라 실제의 일이다. 고추방앗간에 들렀다가 제초 작업을 하려고 울진 밭으로 갔다. 밭에 도착하자 KT 직원들이 케이블 철거 작업을 하려고 왔다. 3일 전에 단단히 다짐을 받았기 때문이다.

그때 비가 쏟아지기 시작했다. 인정사정없이 마구 퍼부었다. 직원들이 우산을 쓰고 차에서 내려 여기저기 둘러보다가 다시 돌아가려고 하였다.

"아니, 그냥 가려고요? 이걸 치워주고 가셔야죠. 1주일 안에 치워주겠다고 하고 벌써 1달이나 지났습니다. 전봇대 옮기는데도 근 1년이나 걸렸고요. 오늘 치워준다고 약속했으니 오신 걸음에 치워주고 가세요."

"그래서 오늘 작업하러 왔습니다만, 비가 이렇게 억수같이 쏟아지니 어떡합니까? 케이블이 비에 젖으면 옮길 수도 없고 연결할 수도 없어요."

"이 비는 금방 그칠 겁니다. 그러니 그냥 작업하고 가세요. 밭 가운데 있는 이 선만이라도 치워주세요. 그래야 제초 작업을 할 게 아닙니까?"

"알았습니다. 할 수 있는 데까지 해보겠습니다."

"아니, 꼭 해야 합니다. 오늘 비는 오락가락 하기 때문에 금방 그칠 겁니다."

"예."

이렇게 단단히 다짐을 받고 옆에 있는 다른 밭으로 차를 몰고 갔다. 나도 모르게 비가 그친다고 큰소리를 치기는 하였지만, 걱정이 되었다. 여전히 비가 쏟아지고 있었기 때문이다.

그때 내가 할 수 있는 일이라곤 기도밖에 없었다. 농로를 따라 계곡으로 들어가면서 간절한 기도가 나왔다. 나도 놀랄 정도로 담대하였다.

"오, 주여! 이 비를 그치게 하소서. 10시부터 11시까지 딱 1시간만 멈추게 하소서. 그 사이에 저들은 케이블을 치울 것이고, 저는 밭으로 들어가는 개천 주변의 제초 작업을 마칠 것입니다. 오, 주여! 지금 햇볕을 쨍쨍 내려주소서."

그런데 그 순간 정말 기적 같은 일이 일어났다. 그렇게 쏟아지던 빗줄기가, 마치 칼로 두부를 자르듯 차창 밖 바로 코앞에서 딱 멈추며 사라지는 게 아닌가?

그리고 바로 이어서 빗살무늬 같은 햇살이, 언젠가 강당 위에서 보았던 아지랑이같이 스르르 다가오는 것이 아닌가? 그때 신령한 무지개가 떠서 내 차를 감싸 안았다. 정말 뭐라고 형언할 수 없는 묘한 분위기에 휩싸였다.

"오, 주여! 주여! 주여! 할렐루야! 아멘! 언제 어디서나 항상 제 기도를 들어주시니 감사합니다. 오늘도 저와 함께하시니 감사합니다. 모든 일을 합력하여 선으로 이루어주시니 감사합니다."

잠시 후 개천 입구에 차를 대고 장화를 신었다. 예초기를 지고 물속으로 걸어가며 개천 주변과 바닥의 풀을 베기 시작하였다. 밭으로 들어가는 개천 길이 환하게 뚫렸다.

작업 시간 동안 단 한 방울의 빗방울도 떨어지지 않았다. 혹시나 하고 비닐봉지를 접어 머리에 뒤집어썼으나 잠시 후 다시 벗어 주머니에 넣었다.

오히려 더워서 땀을 뻘뻘 흘렸다. 3번이나 쉬면서 땀을 식힌 뒤 제초 작업을 마쳤다. 장화를 벗고 겉옷을 갈아입고 검정고무신을 신었다. 바로 그때 작은 빗방울이 다시 떨어지기 시작하였다. 스마트폰을 보니 딱 11시였다.

그리고 도로변에 있는 밭으로 갔다. KT 인부들이 밭을 가로질러 떨어져 있던 케이블을 잘라 도로변으로 들어 내놓았다. 그리고 화물차에 실을 수 있도록 적당하게 자르고 있었다. 인사를 하고 볼일 차 약속 장소로 갔다.

면사무소 입구에서 서울 손님을 기다리고 있었다. 12시쯤에 도착한다고 하였기 때문이다. 그런데 11시 45분쯤에 전화가 왔다.

"임원에서 차가 펑크 났어요. 30분 정도 늦을 것 같습니다. 아이, 생각보다 너무 멀어 갈등이 생기네요. 아무튼 이따가 만나서 얘기해요. 기다리세요."

"예, 거의 다 왔습니다. 천천히 오세요."

이후 1시간쯤 지나서 KT 직원들이 작업을 마치고 돌아가는 모습이 보였다. 그 뒤를 이어 서울에서 오는 차가 도착하였다. 그래서 나는 물론이고, 그들까지 모든 일을 은혜롭게 마치고 다시 서울로 돌아갔다. (2012. 9. 14)

1201. 주님 뜻대로

제삼자를 통해 한 달 전에도 전화가 왔고 어제도 왔다. 하지만 연락을 바란다는 그들의 요구를 회피할 수밖에 없었다. 하나님의 뜻에 의해 그들의 어려움을 알게 되었으나 당장 도와줄 형편이 못 되었기 때문이다. 그래서 날마다 기도할 수밖에 없었다.

"오, 주여! 그들의 어려움을 도와주소서. 주님께서 아시는 대로 저는 지금 사정과 형편이 여의치 못하여 도와줄 수가 없습니다. 하지만 주님께서 허락하시면 반드시 도와줄 기회가 있으리라 봅니다. 주님께서 우리를 대신하여 도와주소서. 그들의 어려움을 해소해 주소서."

사실 그들은 나로 인해 어려움을 겪고 있었다. 그러니까 약 10년 전, 내가 소개하여 투자한 땅이 지금까지 묶여 있었다. 그래서 양심적으로 늘 부담을 가지고 있었지만, 해결의 실마리를 찾지 못했다. 오늘 새벽에도 기도할 때 그들을 위한 기도가 가장 먼저 나왔다.

"오, 주여! 무엇보다도 먼저 그들이 어려움을 해소해 주소서."

그때 내 입에서 까맣게 잊고 있던 찬양이 흘러나왔다.

"주님 뜻대로 살기로 했네. 주님 뜻대로 살기로 했네.
주님 뜻대로 살기로 했네. 뒤돌아서지 않겠네."

이어서 주님의 말씀이 내 눈에 보였고, 내 입으로 또박또박 읽기 시작했다.

'사람이 귀를 막고 가난한 자의 부르짖음을 듣지 않으면, 자기가 부르짖을 때에도 응답을 받지 못할 것이다.' (잠언 21. 13)

"오, 주여! 이 말씀이 오늘 종에게 응하였습니다. 할렐루야! 아멘."

(2012. 10. 3)

1202. 거룩한 부담

오늘 새벽에도 주님과 신령한 교제를 나누었다.

"오, 주여! 이 종으로 하여금 양심적 채무까지 청산하도록 거룩한 부담을 주시니 감사합니다. 이제까지 살아오면서 알게 모르게 진 빚을 모두 갚을 수 있도록 도와주소서. 이 종에게 3천만 원의 빚이 있지만 3억 원을 모두 갚게 하소서. 지금 이 종에게 300만 원가량의 돈이 있습니다."

그때 주님의 말씀이 주마등처럼 뇌리를 스치며 지나갔다.

'피차 사랑의 빚 외에는 아무에게든지 아무 빚도 지지 말라. 남을 사랑하는 자는 율법을 다 이루었느니라.' (로마서 13. 8)

'내가 고통 중에 여호와께 부르짖었더니 여호와께서 응답하시고 나를 넓은 곳에 세우셨도다.' (시편 118. 5)

"할렐루야, 항상 종의 기도를 들어주시는 주님을 찬양합니다. 아멘."

(2012. 10. 4)

1203. 육신의 방해

'지난 9월부터 시작된 비염이 그칠 줄을 모르는구나. 언젠가 어머니가 지어준 약이 있어 1병을 다 먹고 2번째 병을 거의 다 먹었건만, 이제는 그마저 듣지 않는구나. 주께서 허락하신 사역을 감당하기 원하지만, 이 못난 육신의 방해가 너무 심하구나. 그만큼 했으면 이제는 좀 멈출 때도 되었건만, 해도 해도 정말 너무하는구나.'

"오, 주여! 이 못난 종이 머리털부터 발끝까지, 사지백체 오장육부가

편한 곳이 없으니 어쩌면 좋단 말입니까? 머릿속 부스럼부터 목 반점, 눈병, 귓병, 콧병, 잇몸과 치아, 위장과 십이지장, 심장과 고혈압, 전립선 장애와 항문 질환, 신경과 다리 저림, 무좀과 세균성 피부병까지, 이 모든 질병을 주님의 이름으로 깨끗이 치유하여 주십시오." (2012. 10. 5)

'길르앗에 향유가 없느냐? 그곳에 의사가 없느냐? 어찌하여 내 백성의 상처가 치료되지 않느냐?' (예레미야 8. 22)

1204. 성령의 기름

"오, 주여! 스마트폰으로 자리에 누워서도 주의 사명을 감당하게 하시니 감사합니다."

그때 주님의 메시지가 들려왔다.

'성령의 기름으로 예수 그리스도의 등불을 밝혀 하나님의 빛을 비추도록 하라.'

"아멘. 주 예수여! 주님의 이름으로 온 천하에 빛을 비추길 원합니다." (2012. 10. 6)

1205. 감사의 열매

연일 이어지는 가을걷이로 녹초가 되어 며칠째 초저녁에 쓰러져 잤다. 그러다 보니 꼭 한밤중에 일어나 새벽까지 뒤척이게 되고, 비몽사몽 간 여러 가지 환상을 보기도 하였다. 하지만 너무 피곤하여 아련한 기억 속에 묻어버리고 아쉬워하기를 반복하였다.

특히 주님께서 친히 복음의 말씀을 해석하여 주시기도 하셨는데, 그 순간 너무 명쾌하고 은혜로워 어쩔 줄을 몰라 몸을 바르르 떨기도 하였다. 하지만 그마저 기억이 나질 않아 너무 아쉬웠다.

그러나 한 가지 분명한 사실은, 감사(感謝)의 씨앗 2개를 받아 심었으며, 50배의 결실을 하여 100개를 거두었다는 것이다. 그리고 그 100개의 감사를 다시 뿌려 5,000개를 거두었고, 5,000개를 다시 뿌려 250,000개를, 250,000개를 다시 뿌려 12,500,000개를 거두는 등, 그야말로 기하급수적으로 계속 감사의 열매를 거두었다는 것이다.

그때 저만큼에서 이름을 물어본다는 분이 다가오더니 아닌 게 아니라 내 이름을 물었다.

"그대의 이름이 무엇인가?"

그 순간 나 자신 같기도 하고 아닌 것 같기도 한, 그가 크게 당황하는 모습이 보였다. 평소 하나님의 은혜 가운데 감사하며 당당히 살아가던 그가 머리를 긁적이며 안절부절못하였다.

너무 바쁘게 살아가는 일상 속에서 그가 자기 이름조차 까맣게 잊고 있었던 것이다. 그 후에도 계속 환상이 이어졌으나 기억이 나질 않는다.

너무 피곤한 탓인지 양쪽이 다 달라붙은 눈을 비비며 새벽에 일어나 예배당으로 갔다. 주님과 교제하는 가운데 주님의 음성이 들려왔다.

"네 이름이 무엇이냐?"

그때 문득 생각나기를, 감사하다고 다 감사한 일이 아니라는 것이었다. 감사한 일보다 먼저 자기 사명을 감당하는 것, 곧 자신의 정체성을 지키는 것이 더욱 중요하다는 사실이었다.

"오, 주여! 감사한 이유로 자기 이름도 잊고 정체성까지 망각한 종을 불쌍히 여겨주소서." (2012. 10. 26)

1206. 고난을 넘어

어느 강줄기를 거슬러 올라가고 있었다. 강폭은 넓었으나 강바닥은 메말랐다. 얼마 앞에 큰 물길이 보였지만, 그 넓은 강에 호수처럼 가득 찬 물길이 딱 잘려 있었고, 우측 다리 밑으로 흐르는 작은 물길만 있었다.

10m쯤 되는 작은 다리 밑으로 조그만 수로가 있었다. 거기서 까무스름한 피부에 작은 체구를 가진 동남아 아이들 두세 명이 반두를 들고 고기를 잡았다.

"그런데 정말 이상하구나. 저 많은 물 가운데 어찌하여 이 작은 물만 흐르는가?"

아이들이 막아놓은 작은 둑 가운데로 물길이 졸졸졸 흐르고 있었다. 아래쪽에 절구통만한 모래웅덩이가 만들어진 모습도 보였다. 물이 얕아 걸어서 다리 밑을 지나갔다. 그러고 보니 다리 안쪽에 또 큰 강이 있었다.

"아니, 이게 어찌 된 일인가? 이렇게 큰 강이 어떻게 생겼을까? 이 많은 물은 어디서 왔을꼬?"

그리고 주변을 살펴보니 강 우측에서 샘솟듯 솟아오르는 큰 물길이 있었다.

"그렇다면 다리 저편의 물이 이쪽으로 들어오는 모양이군."

고개를 끄덕이며 강을 벗어나려고 하였다. 먼저 본 강은 호수처럼 잔잔하고 바닥도 평탄하였으나, 이번 강은 뾰족뾰족한 칼바위와 협곡에다 물결까지 사나워 보통 일이 아니었다.

바로 앞 큰 바위에 수심을 재는 것으로 보이는 수치가 보였다. 물 위에 세워진 깃발도 보였으나 사나운 물살에 부러져 소용돌이 속에 나뒹굴고 있었다.

여기저기를 살펴보다가 작은 폭포 위에 있는 좁은 물길을 찾았다. 그 가운데 볼록 튀어나온 바위가 있었다. 거기서 뛰어내려 바위를 밟고 건너갈 수밖에 없었다.

다소간의 모험을 하지 않고서는 도저히 벗어날 길이 없다고 판단되어 머뭇거리지 않고 시도하였다. 신발만 약간 적시고 무사히 건넜다.

그리고 암벽을 타듯이 험한 바위를 몇 개 기어올라 강 밖으로 나가는 철문까지 이르렀다. 강이 너무 험하여 철문을 만들어 경계병을 세운 듯하였다.

그런데 철문 바로 옆에 있는 바위가 매우 위태로워 보였다. 살짝 흔들어 보았더니 아닌 게 아니라 건들건들하였다. 그 바위를 잡고 건너기는 불가능하였다. 큰일을 당할 것이 뻔했다. 그래서 앞으로 힘껏 밀어버렸다.

그러자 송곳니 빠지듯 쑥 빠져나와 아래쪽 낭떠러지로 굴러갔다. 그리고 철문으로 건너갔더니 경계병이 문을 열어주었다. 그래서 무사히 밖으로 나가게 되었다.

그때 그 경계병도 동남아 출신으로 보였다. 일지를 펴고 뭐라고 쓰는 흉내를 내면서 "생신", "생신"이라고 하였다. 그래서 그 옆에다 생년월일을 썼다.

그리고 이름과 주소까지 썼더니, 그곳이 한국이 아니라 외국으로 느껴졌다. 어쩌면 본국으로 돌아가지 못할 수도 있다는 생각이 들었다.

얼마 후 검은 천으로 얼굴이 가려진 사람 3명이 나무에 묶여 총살을 당하는 모습이 보였다. 어쩌면 그중에 하나가 나 자신인지 몰랐다.

총소리가 들리자 그들은 맥없이 고개를 떨어뜨렸다. 영락없이 죽은 것처럼 보였다. 그런데 맨 우측의 사람이 고개를 들더니 검은 천을 벗어던졌다. 마치 무슨 연극을 보는 듯하였다. (2012. 11. 7)

1207. 사탄의 천사

어느 산이 보였다. 그 앞에 한 청년이 서 있었다. 해맑은 얼굴에 그 모습이 너무 준수하여 가까이 가서 인사를 하려고 하였다. 그런데 섬뜩한 기운이 들어 멈칫하였다.

그의 정체를 알아보려고 오른쪽 손바닥으로 그의 얼굴을 가리며 주 예수의 이름을 힘차게 불렀다. 그 순간 그의 얼굴이 일그러지기 시작하였다. 그리고 보니 세상에서 둘도 없을 정도로 흉측한 얼굴이 드러났다.

그 모습을 보지 않으려고 손바닥에 더욱 힘을 주어 가까이 대면서 크게 소리를 질렀다.

"주 예수 그리스도 이름으로 명한다! 사라져라! 들어가라! 다시는 나타나지 마라!"

그러자 그는 연기처럼 사라지고 뒤에 있는 산만 보였다. (2012. 11. 24)

1208. 세상 풍조

엄동설한의 날씨에도 바람이 너무 불어 군불을 때지 못했다. 전기장판을 켜고 초저녁에 잠자리에 들었다. 사나운 꿈으로 인해 깨어보니 10시 24분이었다.

칠흑같이 어두운 골목길을 지나가고 있었다. 아무것도 보이지 않았다. 오른손을 앞으로 뻗어 담장을 더듬고, 왼손을 뒤로 뻗어 자매를 붙잡으며 조심스럽게 걸어갔다.

우측으로 꺾이는 골목길이라 더욱 조심스럽게 나아갔다. 오랜 경험으로 그 골목길을 잘 알고 있었다. 그때 기차가 들어오는 소리가 들렸다. 서둘러 우측 샛길로 들어갔다.

너무 어두워서 아무것도 보이지 않았지만, 석탄을 실은 기차가 경적을 울리며 덜커덩덜커덩 지나가고 있었다. 다행히 우리 신발에도 나무바퀴 같은 것이 달려서 큰 힘 들이지 않고 미끄러지듯 앞으로 나아갔다.

기차가 지나가자 한숨 돌리며 다시 갈 길을 재촉하였다. 경험상 조금 더 가면 가파르고 꾸불꾸불한 내리막길이 나오고, 그 길을 지나면 들판으로 이어지는 평탄한 길이 나왔다. 그때 뒤따라오던 자매가 갑자기 나를 잡아당기며 말했다.

"잠깐, 여기서 아래로 내려가는 길이 있어."

그리고 울타리 옆으로 슬쩍 들어가더니 너럭바위 위에 신발을 벗어놓고 그냥 아래로 뛰어내렸다. 너무 급작스럽게 일어난 일이라 뭐라고 말릴 틈도 없었다.

"저걸 어째?"

그때 영안이 밝아지면서 어렴풋하게나마 아래쪽이 보이기 시작했다. 높은 절벽 위였다. 아래는 끝이 보이지 않고 깊이를 짐작할 수 없는 바다가 있었다.

아래쪽에 사납고 흉용한 물결이 소용돌이치며 급히 흐르고 있었다. 자매가 무슨 비명 같은 소리를 지르며 떠내려갔다. 뒤통수만 간간이 보였다. 순간 오만 가지 생각이 다 떠올랐다.

"어서 뛰어내려! 자매를 건져야지! 뭘 해?"

"아니야, 그러면 나도 죽을 거야!"

"그러고도 주의 종이라고 할 수 있나?"

"그래, 저건 사탄이야! 얼굴이 보이질 않아."

그리고 단호하게 돌아섰다. 그때 잠에서 깨어났다. 가슴이 벌렁벌렁하였다.

'아, 이걸 어째? 죽어도 같이 죽고 살아도 같이 살아야 하는데. 지난 6년 동안 미운 정 고운 정이 다 들었는데.'

밤새도록 이런저런 생각에 잠을 설쳤다. 그리고 새벽기도를 드리며 주님께 어쭤보니 주님이 설명하여 주셨다.

"흉용한 물결은 세상의 풍조이고 자매는 위장한 사탄이다. 너를 세상의 풍조에 빠뜨리기 위해 사탄이 자매로 위장하였던 것이다. 그러니 더 이상 사람의 정분과 물질의 함정에 빠지지 않도록 하라."

"오, 주여! 저를 도와주시고 자매를 붙잡아주소서." (2012. 12. 6)

1209. 세상 무시

북한에는 독재자의 아들이, 남한에는 독재자의 딸이 정권을 잡았다. 어딘가 모르게 너무 부끄럽다는 생각이 들었다. 사람들이 조롱거리로 삼지나 않을지 걱정되었다.

그리고 새벽에 묵상하면서 도마의 어록이 자꾸 떠올랐다.

'세상을 알게 되면 시체를 발견하게 되고, 시체를 알게 되면 세상을 떠나게 될 것이다.' (도마 56장)

"세상 무시! 예수 주시!" (2012. 12. 20)

1210. 낡은 사육장

소일거리로 닭과 꿩을 몇 수 키웠으나 사육장이 오래되어 허술하기 짝이 없었다. 슬레이트는 구멍이 뚫어져 비가 샜고, 서까래는 썩어서 부러져 있었으며, 철망은 삭아서 떨어져 내렸다.

슬레이트 조각과 기왓장을 가져다가 뚫어진 구멍을 대충 막고, 세망을 사다가 다시 치고, 폐그물을 주워다가 그 위에 얼키설키 다시 쳤다.

족제비가 들어가 품고 있는 닭을 물어 죽이는가 하면, 구렁이가 들어가 병아리를 물어 가고, 쥐와 참새가 들락거리며 모이를 훔쳐 먹었다.

그 낡은 사육장 안에 내가 서 있었다. 그런데 매일 보는 모습과 달랐다. 하나로 붙어있던 그물을 누가 가위로 자른 듯, 홰가 그물에 칭칭 감긴 채 바닥에 떨어져 있었고, 평소 무엇이 담겨있던 큰 고무대야 5개가 깨끗이 비워져 한쪽에 포개져 있었다.

2013년 새해를 맞이하면서 본 환상이다. 분명히 무슨 의미가 있었으나 기분이 그리 썩 좋지는 않았다. 나중에 생각해보니 양계 사업을 접으라는 뜻으로 다가왔다. 사실 그로부터 얼마 후 양계를 그만두었다. (2013. 1. 1)

1211. 말씀 공부

방 2칸을 하나로 터서 만든 곳에서 친구들과 함께 빙 둘러앉아 성경을 공부하고 있었다. 내가 작은 상을 앞에 두고 가운데 있었다. 그들에게 말씀을 가르치는 듯하였다.

그때 밖에서 웅성거리는 소리가 들리더니 다른 친구들이 방으로 들어왔다. 그런데 방은 이미 만원이라 앉을 자리가 없었다. 그래서 그들이 뒤쪽 벽을 기대고 빙 둘러 서 있었다. 모두 다 낯이 익었다. 그 모습을 보고 내가 말했다.

"자, 우리가 조금씩만 앞으로 당겨 앉자. 그러면 뒤에 선 사람들이 앉을 수 있을 거야."

그래서 앉은 사람들이 안쪽으로 조금씩 당겨 앉게 되었고, 뒤에 선 사람들이 그 뒤로 빙 둘러앉았다. 그래도 자리가 부족하여 여전히 서 있는 사람들이 있었다. (2013. 1. 2)

1212. 수족관 낚시

낚싯대를 찾아들고 고기를 잡으러 나갔다. 그런데 그곳이 수족관이었다. 꺼림칙하였으나 그래도 낚시를 해야겠다는 생각이 들어 낚싯줄을 풀어 보니 미끼가 보이지 않았다. 혹시나 하고 이리저리 찾아보았더니 까무잡잡하고 바싹 마른 손톱만한 미끼가 낚싯바늘에 달려 있었다.

그래서 그것을 수족관에 던져 넣었다. 수족관 안에서 우당탕거리는 소리가 들리더니 금방 낚싯줄이 팽팽하였다. 낚싯줄을 슬쩍 당겨 보았더니 꿈쩍도 하지 않았다.

너무 많은 고기가 물고 물린 것으로 보였다. 한참 씨름을 하다가 끌어내 보니, 아닌 게 아니라 수십 마리나 되는 붕어들이 바나나처럼 바글바글 매달려 있었다.

그런데 고기를 보니 정상이 아니었다. 살이 팽팽한 것이 아니라 물렁물렁했다. 너무 오랫동안 수족관에 갇혀서 먹이를 제대로 먹지 못한 듯하였다. (2013. 1. 11)

1213. 순교자 심정

어제 오후 3시부터 다리가 저리기 시작하여 밤새도록 계속되었다. 주기적으로 반복되는 저림과 떨림이 정말 지긋지긋하였다. 미리 지어놓은 약을 연거푸 먹었으나 고통은 떠날 줄을 몰랐다.

속이 울렁거리고 목에 담이 차서 죽을 것 같았다. 죽고 싶은 생각이 간절하였다. 죽는 것이 축복이라는 생각이 들었다. 로뎀나무 아래서 부르짖던 엘리야가 생각났다. 몸에 가시를 가졌던 바울도 생각났다. 정말 산 사람보다 죽은 사람이 더 복되다는 말씀이 실감 났다.

아침에 병원을 찾았다. 응급실에서 진료를 받은 후 진통제 주사를 맞고 소염제 약을 먹었다. 그리고 예배를 드리러 갔다. 순교자의 심정이었다. (2013. 2. 24. 주일)

1214. 주님 연대기

먹고살기에 바빠서 세월 가는 줄도 모르고 살아가던 어느 날, 믿을 만한 분이 맞선을 보라고 하여 대충 옷을 챙겨 입고 자리에서 일어났다. 그런데 내 나이가 몇 살인지 몰랐다.

"제 나이가 몇 살이죠?"

"31살이야."

믿을 만한 분이 대답했다. 그래서 나는 내 나이가 31살인 줄 알고 맞선을 보았다. 그리고 새벽기도를 드리면서 곰곰이 생각하였다.

"아무리 바쁘게 살아도 그렇지. 어찌 내 나이를 몰랐을까? 그런데 내 나이가 31살이라니? 그러고 보니 내일이 57회 생일이 아닌가? 26살의 차이를 어디서 찾을까?"

그때 주의 성령이 감동하였다.

"주님의 연대기로 31살이지. 그러니까 아직도 2년을 더 사역해야 해. 어떤 일이 있어도 그만두지 말고 계속하라는 말이야."

"오, 주여! 그러고 보니 오늘로써 벌써 7년간 사역한 셈이군요."

"그래, 맞아. 지난 2006년 3월부터 지금까지 7년은 초기사역이었지. 그러니까 중기사역 7년과 후기사역 7년이 더 남았다는 뜻이야. 그것도 30대 초반의 나이로 혈기왕성하게 말이야."

"아멘, 주 예수여! 저는 주의 종이오니 주님의 뜻대로 이루어지기를 바랍니다." (2013. 3. 1)

1215. 못난 자아

내 마음에 들지 않는다고 여동생의 얼굴을 수차례 때리다가, 나중에는 여동생의 모습과 성격을 닮았다는 이유로 딸까지 때리게 되었다.

그러다가 동생과 딸의 성격보다 더욱 비뚤어진 내 성격을 발견하고 어찌할 바를 몰랐다. 내 못난 자아가 너무 원망스러웠다. 잠자리에서 일어나 시간을 보니 2시 45분이었다.

며칠 전 바깥 날씨가 추워서 병아리 33마리와 강아지 1마리를 방에 들여다 놓고 함께 잤다. 하지만 좁은 방에 계속 두기가 어려워 전깃불을 켜고 하우스 속에 두었더니 온 동네가 시끄러웠다.

이웃집 사람들에게 미안했다. 개가 짖을 때마다 나가서 몽둥이로 때리기 시작하였다. 나중에는 대가리, 몸통, 등줄기 할 것 없이 인정사정없이 때렸다.

그런데 여동생과 딸의 생각이 나서 새벽까지 회개의 감동이 밀려왔다. 그리고 얼마 전 돌아가신 한 목사님의 눈물 어린 회개 기도가 내 귀에 들렸다.

'오, 주여! 이놈이 죄인입니다. 이놈이 죽을 죄인입니다!'

"오, 주여! 그렇습니다. 이놈이 바로 죄인입니다. 이놈이 죽을 죄인입니다. 사랑할 존재를 사랑하지 못한 죄인입니다. 이제부터 죽어가는 모든 것을 사랑하도록 도와주십시오.

만물을 존재케 하시는 조물주를 사랑하듯, 그 조물주에 의해 존재하는 모든 피조물을 사랑합니다. 주 예수 그리스도의 사랑을 저에게도 허락하여 주십시오. 주님처럼, 더도 말고 덜도 말고, 그렇게 사랑하기를 원합니다." (2013. 3. 6)

1216. 베드로 십자가

평소 알고 지내던 장로님이 무엇을 만들고 있었다. 손재주가 좋아서 무엇이든 잘 만들었다. 유심히 지켜보았다. 마무리되어 가는 것을 보니 십자가였다. 빛나는 금속판에 세밀한 그림이 새겨진 X자형 십자가였다.

그때 십자가 앞에 서라는 감동이 있었다. 영안으로 보니, 십자가 앞 가운데 두 발을 올려놓을 정도의 하얀 자리가 준비되어 있었다. 두근거리는 마음으로 그곳에 서자 성령님의 음성이 들려왔다.

"이는 베드로의 십자가다."

그 말을 듣는 순간, 베드로가 졌던 저 십자가를 나도 질 수 있다는 생각이 들었다. 거꾸로 십자가에 못 박힌 베드로의 모습이 아련하였다. 온몸에 전율이 일어났다.

"설마, 내가?"

그러나 생각하면 할수록 예삿일이 아닌 것으로 다가왔다. 너무나 무섭고 두려웠다. (2013. 3. 14)

1217. 잊힌 이름

밤늦게 집을 나가 어디서 밤을 새운 듯하였다. 세수하지 못해 머리는 헝클어져 있었고 얼굴은 부스스했다. 옷차림을 보니 엉망이었다. 두 무릎이 불쑥 튀어나온 추리닝 바지에다 엉덩이까지 축 늘어진 검은 셔츠를 걸치고 있었다.

신발을 보니 더욱 가관이었다. 다 떨어진 여자 슬리퍼를 신고 있었다. 그것도 왼쪽과 오른쪽 신발을 바꿔 신었다. 먼저 왼쪽 신발을 벗어 오른쪽 발에 신어 보았다.

그런데 신발이 큰 것인지 발이 적은 것인지, 신발 뒤쪽의 절반이 남았다. 안 되겠다 싶어 다시 왼발에 신었다. 다행히 그 발에는 크기가 맞았다. 그러나 폭이 좁아 뒤쪽의 작은 끈을 발꿈치에 걸어 겨우 고정했다.

그리고 오른쪽 발에 신었던 신발을 다시 신어 보았다. 어린아이 신발처럼 작았지만, 다행히 발도 작아서 맞기는 맞았다. 하지만 오른쪽 발은 내 발이 아니라 발에 붙어 있지 않았다.

그나마 다행히 고무줄이 신발에 감겨 있어 신발과 발을 꽁꽁 동여매었다. 그제야 자리에서 일어날 수 있었다. 누군가의 결혼식이 있어 거기 가려고 하였다.

그러나 그런 모습으로 결혼식에 참석한다는 것이 너무 부끄러워 축의금만 전달하려고 하였다. 어릴 때 함께 자란 불알친구들과 학교 동창생들, 직장 다닐 때의 동료들이 보였다.

나는 그들 모두가 반가웠지만, 그들은 하나같이 나에게 무관심하였다. 내가 먼저 말을 걸었지만 귀찮다는 듯이 겨우 한마디 하고 외면하였다.

내 몰골이 그랬으니 어쩌겠는가? 축의금을 접수하는 자리까지 갔다. 마침 직장 다닐 때의 친구가 옆에 있었다. 그는 '새 빛 계절'이었다.

그에게 봉투 하나만 달라고 부탁했다. 기탄없이 속주머니에서 봉투를 꺼내주었다. 그런데 무엇인가 빼곡히 적혀 있어 내 이름을 쓸 공간이 없었다.

"아니, 새것 없어?"

"없어, 그냥 그걸로 써."

"쓸 자리가 있어야지. 메모지라도 하나 줘."

"여기."

"볼펜은?"

"여기."

그래서 작은 종이쪽지를 받아 내 이름을 쓰기 시작했으나 잉크가 없는지 볼펜도 잘 나오지 않았다.

"다른 볼펜 없어?"

"없는데?"

그때 내 남방 주머니에 작은 볼펜이 있다는 것과, 그 볼펜은 잘 나온다는 사실이 생각났다.

"아, 볼펜 여기 있어. 됐어."

그리고 흐늘흐늘한 작은 종이쪽지에 내 이름을 쓰기 시작했다. 그때 그 친구가 내가 쓰는 이름을 따라 부르고 있었다.

"임. 동."

그 순간 내가 개명한 것을 그가 모르고 있다는 사실을 깨닫고 옛 이름을 그대로 썼다. 그러자 그가 말했다.

"춘. 그래 맞아! 너무 오래되어 이름까지 가물가물해서 말이야."

그때 나는 남방 주머니에서 지갑을 꺼내 돈을 내놓았다. 5만 원짜리 1장에 천 원짜리 1장이 따라 나왔다. 축의금을 접수하던 청년이 5만 원짜리를 들고 자리로 돌아갔다.

그런데 우여곡절 끝에 쓴 쪽지를 가져가지 않았다. 보기만 하고 가서 명부에 따로 적으려는 듯하였다. (2013. 3. 15)

1218. 씻어나 보자

피곤하여 오후 2시쯤 낮잠을 잤다. 이것저것 하다가 보니 왼손에 검은 기름 같은 것이 묻어 있었다. 대수롭지 않게 여기고 계속 분주하게 지냈더니 이게 웬일인가?

왼쪽 손목 아래가 새까맣게 물들어 있었다. 마치 까만 장갑을 끼고 있는 듯하였다. 비누를 칠해 씻어도 쉽게 벗겨질 것 같지 않았다.

'아니, 이걸 어쩌나?'

누가 볼까 봐 창피하여 나도 모르게 옷 속에 왼손을 감추었다. 오른손 하나로 일하다가 갑자기 생각이 났다.

'그래도 한번 씻어나 보자.'

그래서 비누 같은 것을 살짝 발라 문질러 보았다. 그러자 생각 밖으로 쉽게 벗겨졌다. 무슨 약품 같은 성분이 퍼지면서 닿는 곳마다 검은 물질이 스르르 사라졌다. 순식간에 왼손이 깨끗하게 되었다.

그때 '동녘의 길'이라는 친구가 땀을 뻘뻘 흘리며 이사하는 모습이 보였다. 그가 살던 집이 어떤가 싶어 보았더니 집은 없고 비탈진 부지만 있었다. 그런데 길 아래쪽에 빈집이 있었다. 그래서 그에게 물어보았다.

"저 집도 빈 것 같은데 언제 이사하지?"

"아직 몰라, 아무것도 정해지지 않았어."

그러면서 그는 길 안쪽에 있는 이사하는 집으로 들어갔다. 그가 이사하고 빈집이 생기면 내가 들어갈 생각이었는데, 그가 살던 집도 보이지 않고 확답을 받지 못해 아쉬웠다. 그의 집은 모두 3채나 되었다.

하지만 그동안 답보 상태에 빠졌던 일들이 술술 풀릴 듯하였다. 주님께서 이 부족한 종의 기도를 들어주신 것이 확실하다는 느낌이 들었다.

(2013. 4. 7. 주일)

1219. 이제 일어나

인기척이 있어 고개를 들어보니, 어느 교실 뒤편에서 자고 있었다. 이불을 들고 고개를 내밀어 앞을 보니, 넓은 칠판과 낮은 강단, 강대상 등이 있었다. 어느 학교 교실이 틀림없었다.

그런데 그 앞으로 6자쯤 되는 4인용 나무 의자를 4줄로 가지런히 놓고 교회당으로 사용하고 있었다. 그때 성경을 든 여인들이 속속 들어와 자리를 채우기 시작하였다. 내가 있는 바로 옆자리까지 금방 채워졌다.

그러자 40대 초반으로 보이는 남성이 강단에 나타나 칠판에다 짧은 제목으로 3줄을 썼다. 그리고 이리저리 분주히 오가며 무슨 세미나를 하였다.

나는 너무 피곤하여 일어날 생각을 하지 않았다. 주변에 사람들이 채워지자 아예 이불을 푹 뒤집어쓰고 자리를 지키려고 하였다. 부끄러운 내 모습을 보이기가 싫었기 때문이다. 그때 강단에 있던 그가 내게 와서 말했다.

"이제 일어나 말씀을 전하시지요."

나는 깜짝 놀라 극구 사양하며 말했다.

"아니, 제가 말씀을 전하다니요? 저는 아닙니다. 절대 아니에요. 그럴

만한 인물이 아닙니다. 이제까지 이렇게 많은 사람들 앞에서 말씀을 전해본 적이 없습니다. 더군다나 지금, 아무 준비도 되어있지 않습니다."

"그래도 나가서 말씀을 전해야 합니다. 모든 준비가 되었습니다."

그리고 그가 다시 앞으로 나아갔다. 나는 정말 난처했다. 아닌 밤중에 홍두깨라더니, 아무 준비도 하지 않은 사람에게, 거의 자포자기하고 사는 사람에게, 날벼락도 유분수지, 그가 무리한 요구를 한다고 생각하였다.

그런데 돌아보니 내가 바로 그 교회의 책임자라는 생각이 들었다. 그래서 더 이상 어쩔 수 없다는 생각이 들어 이불을 걷어차고 자리에서 일어났다.

먼저 한쪽 구석에 벗어놓은 다리를 찾아 신으려고 하였다. 얇은 스타킹을 찾느라 허둥거렸다. 한참 헤매다가 찾아 신고 실리콘도 끼웠다.

그리고 다리에 끼웠더니 그것이 아니었다. 다시 빼서 두터운 겉 스타킹을 찾아 신은 후 다시 다리를 끼웠다. 그리고 양말도 찾아 신었다. 하지만 여전히 허둥대며 우왕좌왕하였다. 준비되지 않은 결과였다.

그때 뒤쪽에서 안내하던 젊은 청년이 왔다. 앞에 있는 사람이 40대 초반의 목사라면 그는 30대 초반의 전도사처럼 보였다. 그가 나를 재촉하다가 허둥거리는 모습을 보고 크게 실망하였는지, 맨 앞에 있는 사람에게 고개를 가로저으며 손짓하였다.

"아무래도 안 될 것 같은데요."

그러자 그가 손사래 치며 말했다.

"그래도 그가 나가야 돼!"

그리고 얼마 후 나는 그곳을 쭉 둘러보았다. 가운데 복도를 따라 양쪽을 집으로 꾸민 것으로 봐서 생활 공동체로 보였다. (2013. 4. 26)

1220. 특별 승진

전산실에 근무하는 자매가 무슨 자료를 뽑아주었다. 그 자매는 신실한 그리스도인으로 매우 친절하였으며, 서로 잘 알고 지내는 사이였다.

자료의 두께가 3cm쯤 되었고 A4 용지로 300매가량이었다. 대부분이 백 데이터였고, 실제로 필요한 자료는 1장이나 2장쯤 되었다.

평소 익히 아는 자료들로서 보고서를 작성하는데 전혀 부담감을 느끼지 않았다. 더욱이 자료가 구분별로 잘 요약되어 금방 알 수 있었고 누구나 신뢰할 만하였다.

그때 직원들이 자리에서 일어나기 시작하였다. 점심시간이 되었던 것이다. 자료를 책상 위에 펼쳐두고 자리에서 일어났다. '재주와 용모', '병행 사용', '큰 테두리' 등의 친구와 걸어가면서 이야기를 나누었다. '재주와 용모'가 말했다.

"장군으로 승진하니 기분이 어떤가?"

"확정되었다는 말인가?"

"어제저녁 총장님이 참모들과 함께 밤새 술을 마시다가, 월요일이 너무 자주 돌아온다는 말을 듣고, 직원들의 사기 진작을 위해 특별 승진을 지시했다는 게야. 그래서 오늘 최종으로 확정되었어."

"음, 그랬구나."

어느 정도 짐작은 하고 있었지만, 그 많은 사람 중에서 내가 그 자리에 들다니 꿈만 같았다. 집으로 돌아오면서 곰곰이 생각하였다.

'내가 제독이 되다니. 이 기쁜 소식을 부모님께 먼저 알려 드릴까? 아니야, 나중에 정식으로 제복을 입고 가서 인사를 드려도 늦지 않아.'

그때 나를 장군으로 승진하게 만든 자료, 빈틈없이 자료를 뽑아준 그 자매가 너무 고마웠다. (2013. 4. 29)

1221. 쓴 뿌리

무슨 일을 하다가 굵은 대나무 통 속 같은 곳에서, 가늘지만 길고 빳빳하게 자라난 뿌리 3개를 뽑았다. 쓴 뿌리 같기도 하고 아닌 것 같기도 하였으나, 앓던 이가 쑥 빠진 듯 시원한 느낌이 들었다. (2013. 5. 3)

1222. 소나무

이런저런 이야기를 나누다가 3시가 넘어 잠자리에 들었다. 새벽녘에 소리가 들렸다.

"문이 닫힌 후에 기도하지 말고, 문이 열렸을 때 기도하세요. 어서 일어나세요."

그 소리를 듣고도 너무 피곤하여 눈이 저절로 감겼다. 그때 소나무 하나가 내 눈앞에 나타났다. 그런데 하늘을 향해 쭉쭉 뻗어야 할 나무가 땅에 거꾸러져 처박혀 있었다.

몸통은 활처럼 휘어져 있었고, 머리는 땅속에 푹 파묻혀 있었다. 살아 있을 가망이 거의 없었다. 답답하고 안타까운 마음으로 지켜보았다.

그때 나무 몸통에서 새로운 가지가 나오더니, 하늘을 향해 쑥쑥 자라기 시작했다. 그리고 옆에서 또 다른 가지가 나오더니, 역시 하늘을 향해 솟아오르기 시작하였다.

조금도 뒤틀림 없이 곧고 건강한 모습으로 금방금방 자라났다. 더 이상 거꾸러지거나 처박힐 염려는 없어 보였다. 안심되었다. 가벼운 마음으로 자리에서 일어났다. (2013. 5. 11)

1223. 애꿎은 생명

무슨 짐을 꾸리다가 병아리를 보았다. 두세 마리쯤 되는 줄 알고 종이로 된 파일박스에 담기 시작하였다. 그런데 그 숫자가 점점 늘어났다.

박스는 작고 병아리는 많아서 뛰어나오기 시작하였다. 일을 방해하는 병아리가 점점 귀찮아졌다. 박스에 1/3쯤 물을 붓고 꾹꾹 눌러 담았다. 오리 새끼로 착각하였다.

잠시 후 오리가 물을 좋아하기는 하지만 물속에 잠기면 죽을지 모른다는 생각이 들었다. 그래서 파일박스를 땅바닥에 쏟아부었다. 물속에 잠긴 병아리들이 한 덩어리가 되어 쏟아져 나왔다. 이미 축 늘어진 놈도 있었다.

그때 몇 마리가 고개를 들고 눈을 뜨는 모습이 보였다. 하지만 얼 살을 먹었는지 상태가 시원찮았다. 일만 생각하다가 애꿎은 생명을 죽인 꼴이 되어 마음이 너무 아팠다. (2013. 5. 12. 주일)

1224. 야생 떡붕어

어느 양옥집 방에서 무엇을 열심히 하다가 밖으로 나가 보니, 현관문 바로 앞 지하에서 불길이 솟구치고 있었다. 쓰레기가 쌓인 곳에서 불이 난 듯했다. 엉겁결에 소리치며 뛰쳐나갔다.

"호스! 호스! 호스!"

평소 수도꼭지에 연결해 물을 뿌리는 호스가 있었기 때문이다. 그런데 호스가 보이지 않아 어느 집으로 들어갔다. 어릴 때 살던 우리 집이었다. 방 안에 작은 수족관 하나가 보였다. 언젠가 설치해 두고 까맣게 잊고 있었다.

"저런! 저런! 저런!"

하면서 얼른 들어가 보니, 보일 듯 말 듯 미약하게나마 산소가 공급되고 있었다. 천만다행이라는 생각이 들었다. 그러나 작은 물고기들은 거의 죽어가고 있었다.

야생 떡붕어로 생명력은 강했으나 너무 오랫동안 굶은 탓으로 힘이 하나도 없었다. 주둥이를 물 밖으로 봉곳봉곳 내밀다가 간신히 물속으로 들어가곤 하였다.

다행히 수족관 옆에 먹이가 있었다. 작은 알갱이와 말라비틀어진 지렁이가 담겨 있었다. 물속에 충분히 쏟아부었다. 그러나 물고기들은 먹이를 먹을 힘도 없어 보였다.

수족관 안의 작은 물결에 이리저리 몸을 맡기고 있었다. 너무 안타까운 생각에 현관 앞의 불은 관심도 없었다. 나의 무관심으로 인해 죄 없는 작은 생명체가 죽어가고 있다는 생각에 몸 둘 바를 몰랐다. (2013. 5. 13)

1225. 생활의 리듬

조금 일찍 일어났더니 오전 9시쯤에 피곤하였다. 자리에 누웠더니 비몽사몽 간 환상이 보였다.

상당한 날을 어린 딸과 함께 집안에만 있었다. 아이가 답답한 듯 뒷문을 열고 밖으로 나가는 모습이 보였다. 뒤따라가서 문을 잠그고 돌아왔지만, 아이가 언제 돌아올지 몰라 다시 가서 문을 열어놓았다.

아이가 호미를 들고 나가기에 나물을 캐러 가는 것으로 알았으나 신발을 벗고 개울로 들어가는 모습이 보였다. 그리고 나는 잠을 잤다. 얼마의 시간이 지났을까? 옆에서 인기척이 있어 눈을 떠보니 아이가 돌아와 옆에 있었다.

개울에서 오랫동안 놀다가 돌아온 듯, 머리부터 발끝까지 흠뻑 젖어 있었고 입술은 새파랗게 물들어 있었다. 추워서 온몸을 바르르 떨었다.

젖은 옷을 벗고 자리에 누워 한숨 자라고 하였더니, 아랫도리만 홀랑 벗고 윗도리는 그냥 입고 누우려고 하였다. 윗도리까지 벗으라고 하였더니, 엄마가 오면 뭐라고 할지 모른다고 하면서 벗지 않으려고 하였다.

그래서 내가 괜찮다고 하면서 아이 윗도리를 벗겨주었다. 속옷까지 모두 3개를 입고 있었다. 아이가 알몸으로 자리에 누웠다. 다행히 내 베개 옆에 아기 베개가 있어 끌어다 주었다.

아이가 베개 위에 머리를 옆으로 돌려 엎드렸다. 아이에게 이불을 덮어 주자 금방 잠이 들었다. 한동안 마음껏 놀았던바 너무 피곤한 듯하였다. (2013. 5. 14)

1226. 복합 장애인

자매에게 운전을 맡기고 옆자리에 앉았다. 옛 직장 정문을 향해 다소 비탈진 언덕길을 올라가고 있었다. 그때 체구가 왜소한 난쟁이 같기도 하고, 무릎 아래 양다리가 절단된 장애인 같기도 한, 어떤 사람이 우리 앞에서 뒤뚱뒤뚱 걸어가고 있었다.

경적을 울렸으나 들은 척도 하지 않았다. 상향등을 번쩍이며 주의를 주었지만, 거들떠보지도 않았다.

"아니, 저 사람이 왜 저럴까? 우리에게 무슨 감정이라도 있나? 이제까지 장애인이라면 더욱 각별히 대접하였는데, 도대체 왜 저럴까?"

짧은 시간에 이런저런 생각이 들었으나 그 이유를 알 수가 없었다. 그때 불현듯 떠오르는 생각이 있었다.

'혹시, 저 사람이? 그렇구나! 검은 옷을 입고 뒷모습만 보이는 것이 영락없는 사탄이야! 워낙 사악한 영물이라 우리의 각별한 애정까지 이용하는군!'

그 순간 그냥 두어서는 안 된다는 생각이 들어 크게 소리를 질렀다.

"야, 이 더러운 사탄아! 당장 비켜나지 못할까?"

아닌 게 아니라 뒤돌아서는 모습을 보니, 너무나 흉측스러웠다. 틀림없는 사탄이었다.

"우리 주 예수 그리스도의 이름으로 명한다! 썩 물러가라!"

그리고 얼마의 시간이 지났는지 그 일을 까맣게 잊고 있었다. 어느 골목길을 지나 큰길로 나가기 위해 우회전을 하려고 하였다. 역시 자매가 운전을 하고 나는 그 옆에 타고 있었다.

막 우회전을 하려는 순간이었다. 양다리가 없는 그 장애인이 뒷모습을 보이며 길을 가로막고 서 있었다. 경적을 울렸으나 들은 척도 하지 않았다.

그래서 상향등을 번쩍이며 신호를 보냈으나 꿈쩍도 하지 않았다. 우리 뒤에 따라오던 세단까지 경적을 울리며 함께 소리쳤으나 막무가내였다.

'혹시, 저 사람이? 지체만이 아니라 청각에다 시각까지 장애가 있는 것은 아닐까?'

그때 자매가 흔들어 깨웠다.

"기도하세요!"

새벽기도 나갈 시간이었다. 그러고 보니 들어도 듣지 못하고 보아도 보지 못하는 그 복합 장애인이 바로 나 자신이 아닌가 싶어 움찔하였다.

(2013. 5. 15)

1227. 대추나무

새벽녘에 주룩주룩 비가 내리는 소리가 들렸다. 가뭄 끝에 내리는 빗소리가 그야말로 기쁜 소식이었다. 감자와 옥수수, 참깨, 고추, 마늘, 대파, 양파, 부추, 고구마, 땅콩을 비롯하여, 오이와 수세미, 수박, 호박까지 타들어 가던 갈증이 해소될 것을 생각하니 가슴이 벅차올랐다.

그때 환상이 보였다. 한두 평쯤 되는 작은 내 마음 밭에도 단비가 내렸다. 군데군데 식물이 부쩍 자라는 모습이 보였고, 심지 않은 대추나무 너덧 그루도 자랐다. 약 1미터쯤 되는 작은 대추나무였지만 아주 강인하고 건강하게 보였다.

그 환상을 보고 일어나 교회당으로 갔다. 자리에 앉자마자 대추나무에 대한 감사의 기도가 시작되었다.

"오, 주여! 감사합니다. 대추나무와 같이, 작지만 강인하고 건강한 사역을 허락하시니 감사합니다. 이 종 또한 작지만 강인하고 건강하게 세워주시니 감사합니다.

주님께서 대추나무를 허락하시기 전에, 이 종의 잠재의식 속에서, 꼭 한번 그런 나무를 키워보고 싶었습니다. 사실 이제까지 종의 마음 밭에는 미세한 바람에도 흔들리는 연약한 식물만 있었습니다." (2013. 5. 19. 주일)

예스 8, 평화의 노래

제40편

최고의 승리

1228. 사랑의 열매

새벽기도를 드리면서 어제저녁에 온 문자 메시지가 계속 마음에 걸렸다. 너무 어렵다고 하면서 매월 얼마씩이라도 도와달라는 취지의 어느 목사님이 보낸 메시지였다.

'그래, 내가 어려울 때 그들이 나의 힘이 되었지. 이제 그들이 어려우니 내가 도와야지.'

마침 공사비를 주려고 빌려놓은 약간의 돈이 있었다.

'그렇지, 이제까지 주님께서 다 감당하게 하셨지. 주님의 계시에 순종하지 않는 사람이 어찌 주님의 종이라 하겠는가?'

그래도 한편으로는 걱정되었다.

'주님께서 마련해주신 공사비가 아닌가? 정말 어렵사리. 그것도 부족한 상태인데, 이걸 어쩌면 좋을까?'

그러다가 다시 생각에 잠겼다.

'그래, 나는 현금서비스를 받아 돌려막아도 되잖아?'

그리고 그 돈을 송금하였다. 이번이 3번째였다. 이후 매월 정기적으로 후원하였다.

"주님, 주님께서 선히 여기시거든 이 종의 빚을 갚아주십시오. 빚만 없다면 제게 무슨 돈이 필요하겠습니까? 하지만 아직도 종에게는 상당한 빚이 있고 양심적 채무도 많습니다." (2013. 5. 27)

1229. 못난 수탉

닭 모이를 주고 화장실에 가면서 보니, 수탉 1마리가 그물에 걸려 버둥 거리고 있었다. 소리라도 질렀으면 금방 가서 구해주었을 텐데, 너무 순해 빠져 몸부림만 치고 있었다.

닭을 보니 오른쪽 날개에 굵은 실이 걸려 있었고, 왼쪽 발에 가는 그물이 감겨 있었다. 풀어서 바닥에 놓았으나, 날개는 축 늘어져 땅에 끌렸고, 뒤뚱뒤뚱하며 제대로 걷지 못했다. 시간이 좀 지나면 괜찮겠지 하고 밖으로 나왔다.

그런데 닭장 속에서 무슨 전쟁이 일어난 것처럼 시끌벅적하였다. 어떤 닭이 죽는다고 소리를 질렀다. 수탉끼리 서로 싸우는 것이겠지 하고 변소에 들어갔다. 우리 집 변소는 그 닭장 옆에 있었고 재래식이었다.

화장실에서 나와 보니 한 닭이 왕따를 당하고 있었다. 한쪽 모서리에 1마리가 처박혀 있었고, 다른 닭들이 달려들어 인정사정없이 쪼아대고 있었다. 그 닭은 자포자기 상태로 축 늘어져 있었다.

가만히 살펴보니 그물에 걸렸던 바로 그 수탉이었다. 그 닭이 비실비실하며 약한 모습을 보이자, 다른 닭들이 아예 죽이려고 달려들었던 것이다.

얼른 들어가 그 닭을 붙잡아 나왔다. 미약한 신음만 들릴 뿐 아무 저항을 하지 못했다. 그야말로 기운이 다 빠져 기진맥진한 상태였다.

그 닭을 보니 몰골이 말이 아니었다. 꼬리 깃털은 다 빠지고 없었으며 날개까지 빠져 땅에 질질 끌렸다. 따로 만들어 놓은 독실로 옮기고 사료와 물을 주었다. 그리고 약이 떨어진 것을 알고 마이신을 사다 먹이려고 하였다.

순해 빠져도 그렇게 순한 닭은 처음 보았다. 마치 못나고 못난 어느 누구를 보는 듯하였다. 특별한 잘못도 없이, 주어진 권세도 행사하지 못하고, 그저 주님만 붙잡고 하소연하는 그 인간을 보는 듯했다.

"오, 주여! 저를 불쌍히 여겨주소서." (2013. 5. 27)

1230. 용서한 악인

지난 3월 27일, 'ㅈ'라는 사람에게 영해 집 보수를 맡겼다. 공사 기간을 20일로 정하고 200만 원을 계약금으로 건넸다. 그러나 1주일이 지나도록 공사를 시작하지 않았다. 참다못해 찾아가 얘기하자 다음 주부터 한다고 하였다.

약속한 1주일이 다시 지났다. 'ㅈ'가 모래 1포대와 시멘트 3포, 블록 몇 장을 차에 싣고 왔다. 술에 찌들어 얼굴이 퉁퉁 부어 있었다. 아들이라는 청년과 대구에서 온 목수라는 사람에게 일을 맡기고 돌아갔다.

'이제부터라도 열심히 하면 되겠지.'

하면서 위안으로 삼았다. 그런데 그날 오후 3시, 'ㅈ'가 지붕공사에 들어갈 패널 값을 주어야 한다고 하면서 500만 원을 요구하였다. 공사를 시작할 자재비라니 어쩌겠는가? 이리저리 맞춰서 송금하였다.

그러나 패널은 들어오지 않았다. 거짓말이었다. 다른 현장의 공사비로 충당한 듯했다. 실제로 패널은 2개월이 지나서 들어왔다. 게다가 일하던 사람들도 보이지 않았다. 2일 정도 일하는 척하다가 돈만 받아 다른 공사장으로 갔던 것이다.

'수주한 일은 많고, 일꾼은 부족하고, 자금 사정이 여의치 못해 그렇겠지. 그러니 이제 와서 어쩌겠는가? 돈을 주었으니 기다릴 수밖에.'

하고 참으며 기다렸다. 그러나 이후 감감무소식이었다. 전화도 받지 않았다. 그렇게 2주간이 다시 훌쩍 지났다. 사기를 당했다는 생각이 들었다. 밤잠을 설치고 입술까지 부풀어 올랐다.

이웃 동네에서 일하는 'ㅈ'를 찾아갔다. 마지막으로 무슨 사정이 있는지 들어보고, 사기면 소송을 하려고 했다. 그러나 'ㅈ'를 만날 수 없었다. 대구에서 온 목수라는 사람이 혼자서 일하고 있다가 말했다.

"다음 주에 다른 목수가 대구에서 내려와 공사를 시작할 겁니다. 내가 그와 함께 가서 일하면 금방 끝낼 수 있습니다. 나를 믿고 조금만 참아 주세요. 사실 나는 신축이 전문이지 수리가 전문이 아닙니다."

그 목수의 말을 믿고 집에 돌아와 다시 기다렸다. 구두로 공사비 1,200만 원, 공사 기간 20일로 정하고, 돈을 먼저 보내준 것이 못내 후회스러웠다. 정식으로 계약서를 받지 않고 사람만 믿은 것이 큰 잘못이었다.

'어쨌든 공사만 마쳐주면 되겠지.'

하며 애간장을 태우면서도 꾹 참고 기다렸다. 하지만 당초 약속한 20일이 지나도록 공사는 시작되지 않았다. 나중에 안 일이지만, 그 목수는 그 일로 'ㅈ'와 다투고 다시 대구로 돌아가고 말았다.

약속한 공사 기간 20일이 지났으나 공사는 재개되지 않았다. 애간장을 태울 때 'ㅈ'가 또 다른 사람을 데리고 현장에 나타났다. 전날 술을 마신 듯 코맹맹이 소리로 말했다.

"경주에서 온 내 친구입니다. 이제부터 이 친구가 끝까지 책임지고 이 공사를 마칠 겁니다."

경주에서 왔다는 그도 고개를 끄덕이며 같은 말을 하였다.

"저는 다른 일 하지 않고 오직 이 일만 할 겁니다. 혼자 사부작사부작 해도 20일이면 충분히 마칠 수 있습니다. 걱정하지 마세요."

그래서 그를 믿고 또 기다리게 되었다. 그는 목수가 아니라 막일꾼이 었다. 작년부터 일하면서 어깨너머로 배웠다고 하였다. 하지만 성실하게 보였다.

그는 작년에 일한 품삯을 받지 못해 이번에 다시 오게 되었으며, 'ㅈ'의 질이 나빠 품삯만 받으면 다시는 보지 않을 사람이라고 하였다.

그러면서 우리 보고 어쩌다가 'ㅈ'를 알게 되었는지 참으로 안타깝다고 하였다. 하지만 우리 일만은 끝내주겠다고 하였다.

그렇게 말한 그도 3일 정도 일하다가 보이지 않았다. 여기저기 다른 공 사장으로 투입되어 일하다가 결국은 그와 다투고 다시 경주로 돌아가고 말았다.

우리는 텃밭에 심어놓은 약초는 물론이고, 공사 지연으로 인해 농사 를 포기한 상태였다. 기도하지 않고 섣불리 공사를 시작하여 첫 단추를 잘못 끼운 탓이었다. 그러다가 나중에 'ㅈ'가 나타나 말했다.

"이런 공사는 자투리 시간을 활용할 수밖에 없어요. 우리 일꾼들의 1 년 일거리를 만들어주어야 하니까요. 어쩔 수 없어요."

뻔히 보이는 거짓말을 사실인 양 늘어놓았다. 그래도 꾹 참고 정확한 금액이 산정된 견적서에 의해 정식으로 계약한 후 일하라고 하였다.

그동안 수십 차례 약속을 어긴 것은, 일이 너무 바빠서 그렇다고 사과 하여 받아주었다. 물론 사과도 형식적이라는 사실을 알았다. 그의 인간성을 알고 어쩔 도리가 없었다.

'이제 와서 어쩔 거여. 꾹꾹 참고 기다릴 수밖에.'

하면서 위안을 삼으려고 마음을 가다듬었다. 이 지옥 같은 인고의 훈련을 주님으로부터 받는다고 생각하였다. 그렇게 40일이 훌쩍 지났다.

그리고 5월 7일, 그가 공사장에서 보자고 하였다. 문짝 3개를 갖다 놓고 아들과 함께 작업하는 척 흉내를 내며 말했다. 아예 일할 자세가 아니었다. 위선이 덕지덕지 붙은 낯짝을 보기만 해도 징그러웠다.

"이제 문짝도 들어왔고, 사이딩(벽에 패널을 붙이는 작업) 공사도 시작할 겁니다."

"계약서부터 쓰자고 약속했잖아요?"

"아, 예. 너무 바빠서요."

"우선 견적서부터 좀 봅시다. 공사비가 얼마나 추가로 드는지?"

"추가로 540만 원 정도 듭니다."

"400만 원에서 500만 원 사이라고 했잖아요?"

"그런데, 그것이…"

하면서 말끝을 흐렸다. 그리고 노트에 메모한 것을 보여주면서 말했다.

"뒤쪽 처마 30만, 철거 50만, 내장 180만, 도어 70만, 보일러 210만 원으로 잡았습니다. 그래서 540만…"

내가 보아도 주먹구구식으로 엉터리였다. 그러나 말하지 않았다. 그는 자기가 한 말도 금방 잊어버렸으며, 행동도 이랬다저랬다 하여 정말 갈피를 잡을 수 없었다. 술이 덜 깬 듯 손을 벌벌 떨면서 그제야 견적서를 쓰기 시작하였다.

처음에 메모 형태로 쓴 것과 대조하니, 처음 금액과 나중 금액의 절반이 맞지 않았다. 메모한 숫자에다 수차례 덧칠하여 고치기도 하였다. 그 래서 자기도 잘 알아보지 못했다. 그래서 결국은 견적서만 대충 쓰고 계약서는 받지 못했다.

"계약서는 쓰지 않습니까?"

"이거면 법적으로도 문제가 없어요."

"그러면 공사 기간만이라도 쓰십시오."

그러자 그가 견적서 상단에 '공사 기간은 5월 30일까지'라고 썼다.

"원하는 대로 충분한 시간을 드렸으니, 이 기간만은 꼭 지켜야 합니다."

"걱정하지 마십시오. 다음 주에 패널 들어옵니다. 인부가 15일 오기로 하여 그렇게 맞추었습니다."

여전히 거짓말을 하였다. 하지만 나로서는 달리 방법이 없었다. 답답하지만 참고 기다릴 수밖에 없었다.

"이 공사 기간을 지키지 않으면 지연 배상금을 물려도 좋습니까? 하루에 100분의 3씩."

"예."

"이제 더 이상 지체하면 안 됩니다."

"예, 지난번은 정말 죄송했습니다."

그는 돈이 필요할 때마다 양과 같이 순했다. 어찌 보면 인간이 정말 서글프고 불쌍했다. 그놈의 돈이 뭔지 정말 안쓰러웠다. 그가 다시 말했다.

"이제 본격적으로 공사가 진행되니, 이번 주에 500만 원만 더 보내주십시오. 그리고 패널이 들어올 때, 200만 원만 더 주세요. 그리고 나머지는 공사가 끝나면 주세요."

어떻게 해서라도 살살 구슬려 공사를 마쳐야 한다는 생각에, 그의 사정이 정말 딱해 보이기도 하였던바, 다시 500만 원을 보내주었다.

그런데 아니나 다를까 또 공사를 중단하였다. 그로부터 2주가 지나도록 손도 대지 않았다. 그러다가 5월 25일 지붕 공사를 시작하였다. 그리고 돈을 보내달라고 하여 200만 원을 송금하였다.

그리고 5월 27일 또 공사를 중단하였다. 현장은 난장판으로 두고 인부는 찾아볼 수 없었다. 옆집 아저씨가 나를 보고 말했다.

"빗물이 넘어오지 않게 해달라고 말했으나 인부들이 말을 듣지 않았소. 그러니 처마를 조금 잘라내든지 물받이를 달든지 하시오."

"예, 알았습니다. 피해가 없도록 조치하겠습니다."

우리가 현장에 가면 인부들의 일을 방해한다고 오지 말라고 신경질을 부렸던바, 낮에는 현장에 가지 못하고 밤에만 가서 보고 그냥 두었더니, 정말 인두겁을 쓰고 너무한다는 생각이 들었다.

신경질을 자꾸 내어서 전화를 안 하려고 하였으나 어쩔 수 없이 또 전화를 했다. 역시 받지를 않았다. 그동안 속고 속으며, 참고 또 참으며 2개월을 기다렸으나, 순간 나도 모르게 울화통이 터져 나왔다. 약속을 지켜달라고 마지막으로 한마디만 더 하려고 'ㅈ'를 찾아갔다.

그런데 그들 내외가 오히려 신경질을 내면서 욕을 하고 달려들었다. 우리 공사로 적자를 보았느니, 집을 압류한다느니, 소송을 하라느니, 정말 적반하장도 유분수지, 기가 막힐 노릇이었다.

"당신이 목사요? 다 쓰러져가는 집을 고쳐주었으면 고맙다고 인사를 해야지, 따지기는 뭘 따져! 기분 나쁘게."

나중에 알고 보니 그 부인이 사업자의 명의자였고 모든 것을 좌지우지하였다. 실제로 사장이었고 남편과 아들은 종사자였다. 그녀의 앙칼진

목소리가 우리로 하여금 입도 벙긋하지 못하게 만들었다.

그래서 우리는 할 말도 못하고 무안만 당하고 돌아왔다. 심장이 벌렁거려서 점심도 먹지 못했다. 교회당에 들어가 주님 앞에 하소연할 수밖에 없었다.

"주여, 이 부덕하고 부족한 종을 먼저 용서하여 주소서. 그리고 저들의 잘못도 용서하여 주소서. 저들이 자기네 잘못을 모르고 있습니다.

주님께서 십자가에 달려 돌아가실 때, 주님을 십자가 못 박은 군병들의 잘못을 따지지 않고, 그들을 위해 대신 기도하신 것처럼, 저도 이제 저들을 위해 기도합니다.

저들이 이제까지 살아오면서 어떤 사정으로, 왜 저렇게 되었는지, 저는 물론이고 저들 자신도 모른 듯하지만, 주님만은 잘 아십니다.

오, 주여, 이 종에게 죄가 있다면 목회자라는 사실이 가장 큰 원인일 것입니다. 목회자이기 때문에 없는 죄도 있을 때가 있을 겁니다.

선이라고 다 선이 아니며, 악이라고 다 악도 아닐 것입니다. 이 모든 일이 일어나게 된 것도, 저를 나무라시며 주님만 전적으로 섬기고 의지하라는 주님의 계시라고 봅니다.

주여, 그렇습니다. 제가 생각한 선이, 선이 아닐 수도 있고, 제가 생각한 악이, 악이 아닐 수도 있을 겁니다. 제 뜻이 주님의 뜻에 벗어났다면, 그것이 선이든 악이든 불문하고, 선이 아니라고 봅니다.

오, 주여, 저에게는 오직 주님만이 선이십니다." (2013. 5. 27)

1231. 주님의 관점

어제저녁부터 오랜만에 단비가 내리고 있었다. 호박에 비료를 주려고 밭으로 나갔다. 차를 돌리기 위해 후진하다가 뒷바퀴가 도랑에 빠질 뻔하였다. 도랑 속으로 쑥 빠지는 느낌이 들어 엑셀을 세게 밟았더니, 한참 헛바퀴가 돌다가 간신히 박차고 올라왔다.

그런데 보닛을 비롯하여 차 지붕과 트렁크까지 온통 진흙으로 뒤덮이고 말았다. 마치 누군가 일부러 흙탕물을 확 뿌려놓은 듯했다. 가뜩이나 마음이 편치 않은 상태에서 더욱 의기소침하게 되었다.

집으로 돌아와 받아놓은 빗물로 세차하였다. 워낙 오랜만에 세차하였던바 기분까지 상쾌하였다. 차가 반짝반짝 빛이 났다.

"그래, 난관이 꼭 나쁜 것만은 아닐 수도 있어. 전화위복(轉禍爲福)이라는 말도 있고, 고진감래(苦盡甘來)라는 말도 있잖아? 모든 것을 통째로, 그리고 주님의 관점에서 살펴볼 필요가 있어." (2013. 5. 28)

1232. 빛과 어둠

오늘은 공사 기간이 끝나는 날이다. 우여곡절 끝에 그들이 정한 최종 기간이었으나, 부엌과 미장, 주방과 천장, 화장실, 물받이 등의 공사는 손도 대지 않은 채, 잔금 280만 원 중에서 200만 원을 미리 달라고 재촉하였다.

미결 부분에 대해 어떻게 할 것인지 우선 좀 들어보자고 하였으나, 그들은 막무가내로 돈을 먼저 줘야 공사하겠다고 하였다.

그러다가 11시경에 다시 전화하여, 12시까지 200만 원을 입금하지 않으면 집을 압류하고 공사한 것도 다 뜯어내겠다고 협박하였다. 참으로 기가 막힐 노릇이었다.

우리를 얼마나 호구로 봤으면 저들이 저럴까 싶어서 마음이 상했으나, 어쩔 방법이 없어 애간장만 태웠다. 손해를 적게 보고 마무리했으면 하고 바랄 뿐이었다.

교회당에 가서 주님께 기도하며 하소연하였다. 주님만이 이 억울하고 답답한 심정을 알아주시리라 믿었기 때문이다. 아니, 이제까지 그렇게 위로를 받으며 살아왔던바, 내 상한 마음을 위로해주시고 치유해주실 분은 오직 주님밖에 없었다.

"오, 주님. 이 부족하고 부덕한 종을 굽어살펴주소서. 제가 왜 이리 무능한지요? 종을 괴롭히는 저들을 어찌해야 좋단 말입니까? 종에게 힘을 주소서. 저들을 슬기롭게 타이르고 설득할 수 있도록 지혜를 주소서. 이제 저들을 만나 담판을 지으려고 합니다. 종과 함께하여 주소서."

"내게는 빛과 어둠이 다를 바 없다."

"오, 주여! 그러시다면 종도 저들과 똑같다는 말씀이십니까? 종은 억울하게 당하기만 하고, 저들은 종을 이용하고 겁박하는데, 어찌 같다고 하시는지요?"

"너도 역시 어둠이다."

"주여! 저를 용서하여 주소서. 저는 주의 종으로서 좀 더 선하니 빛이고, 저들은 악하니 어둠이라 생각한 죄를 용서하여 주소서."

그때 시편의 말씀이 생각나 살펴보았다.

'주께서 골짜기마다 샘물이 솟아나 산 사이로 흐르게 하시니, 모든 들짐승이 마시고 목마른 들나귀가 갈증을 풉니다. 하늘의 새도 샘 곁에 깃들며, 우거진 나뭇잎 사이에서 지저귑니다. 높은 곳에서 산에 비를 내리시니, 이 땅에 열매가 가득합니다.' (시편 104. 9-13)

그리고 공사 현장으로 갔다. 오늘부터 미장한다는 인부는 보이지 않고, 그들 내외와 아들이 죽을상을 하고 먼 산을 바라보며 앉아 있었다.

한눈에 보아도 얼마나 어려움을 겪고 있는지 금방 알 수가 있었다. 우리 일을 하다가 허리를 삐끗했다느니, 오늘 일부러 인부를 돌려보냈다느니, 돈만 주면 오후에 인부를 붙여 일을 시키겠다느니, 눈에 뻔히 보이는 거짓말을 하면서, 회유와 협박을 마다치 않고 돈을 요구하였다.

하지만 그들의 아들은 시종 고개를 푹 숙이고 있었다. 자기 부모의 잘못을 잘 알고 있다는 듯하였다. 보기에 너무 애처로웠다. 처음에는 그 아들까지 셋이 들고일어나 행패를 부리면 어쩌나 하고 걱정하였으나 그것은 기우였다.

그는 부모가 시키는 대로 일만 하였지, 상스러운 말이나 행동은 조금도 하지 않았다. 오히려 무슨 큰 죄인이라도 된 듯이 몸 둘 바를 몰라 하였다. 그 모습을 보고, 나는 차마 할 말을 할 수가 없었다. 그들의 요구를 무조건 들어주게 되었다.

그래서 정신없이 떠들어대는 그들의 말을 다 들어주고, 또다시 속는 한이 있더라도, 나머지 공사를 할 건지 안 할 건지, 한다면 언제까지 할 건지를 들어본 후에, 바로 200만 원을 주겠다고 하였다.

그러자 그 부인이 1주일 안으로 공사를 끝낼 테니 추가로 20만 원만 더 주라고 하였다. 그 돈이 그리 많지 않아 그렇게 하겠다고 하였다.

그래서 약속대로 공사를 마무리하면 20만 원을 보태 100만 원을 더 주겠다고 하였다. 그러자 그들은 죽었다가 다시 살아나기라도 한 듯이 금방 화색이 돌면서 말하였다.

"3일 만에 끝내주겠다고 하다가 1주일을 끌면 또 실망할 터이니, 1주일로 약속하고 3일 만에 끝내주면 더 좋잖아요. 그러니 넉넉잡아 1주일만 기다려주세요."

"아! 예, 그렇게 하세요."

그리고 보니 그들도 원래부터 악하지는 않은 듯했다. 그제야 그들의 아들도 고개를 들었다. 그에게 용돈으로 얼마라도 주고 싶었다. 그 아들만이라도 세속에 물들지 않았으면 하는 마음이 간절하였다.

'어쩌면 저들이 저렇게 된 것도, 그놈의 돈 때문일 거야. 원래 인간성은 그렇지 않았는데.'

그리고 집으로 돌아와 그들이 요구한 200만 원을 송금하였다. (2013. 5. 30)

1233. 징계의 도구

어둑새벽에 기도하다가 주님의 세미한 음성을 들었다.

'무심무언 무능무전'

'무심무언 무능무전? 아, 그러고 보니 오래전에 다짐하고 또 다짐하며 신조로 삼았던 그 말이 아닌가?'

그때 주마등처럼 밀려오는 반성이 있었고 회개가 뒤따랐다.

"오, 주님! 잔인한 5월의 원인은 바로 저에게 있었습니다. 우리를 그토록 어렵게 하던 그들은 하나님께서 저를 위해 사용하신 징계의 도구였습니다.

진실로, 이 종은 무심(無心)하지 못했습니다. 부질없는 욕심에 사로잡혀 탐심을 극복하지 못했습니다. 그 모든 것이 탐심을 다스리지 못한 탓이었습니다.

또 무언(無言)하지 못했습니다. 진실과 정의를 앞세워 제가 하고 싶은 말을 다 하려고 하였습니다. 좀 더 들어주지 못했고, 좀 더 참지 못했고, 좀 더 손해를 덜 보려고 했으며, 제 생각과 경험을 의지하여 정의를 관철해 보려고 스스로 떠들었습니다.

또한 무능(無能)하지 못했습니다. 참으로 무능하면서도 똑똑한 척, 아는 척, 힘센 척하였습니다. 제가 체험한 경험이, 제가 알고 있는 지식이, 좀 더 객관적이고 합리적이라 믿었으며, 그래서 그것을 관철하려고 애썼습니다.

그리고 무전(無錢)하지 못했습니다. 사실은 무전하면서도 유전한 척하였습니다. 아직도 여전히 많은 빚을 지고 있으면서도, 부자인 척, 집을 소유한 척하고 거들먹거렸으며, 빚으로 돈을 벌어 빚을 갚으려고 과욕을 부렸습니다.

그래서 오곡 주택도 다른 사람이 차지하게 하셨으며, 연평 주택 수리도 돈은 돈대로 주고 욕은 욕대로 먹게 하셨으며, 망신은 망신대로 당하도록 주님께서 내버려두셨던 것입니다.

오, 주여! 이제 이 종을 깨닫게 하시니 감사합니다. 이 미련한 종을 용서하여 주소서. 제 마음을 좀 더 비우게 하시고, 제 입술을 좀 더 다물게 하시고, 제 힘을 좀 더 빼주시고, 제 재산을 좀 더 줄여주소서.

그리고 이제는 정말, 교만하지 않고 겸손하도록 저를 도와주소서. 우리 주 예수 그리스도의 이름으로 간절히 기도합니다. 아멘." (2013. 6. 1)

1234. 원수의 은혜

'혹시나 하였더니 역시나'였다. 공사도 마치지 않고 잔금부터 달라고 생떼를 부리고, 공갈과 협박으로 어렵게 하다가, 돈만 주면 1주일 안으로 공사를 마무리하겠다고, 자기네 아들이 보는 앞에서 큰소리 떵떵 치기에 믿었건만, 그들에게는 약속이 의미가 없었다.

3일 안으로 끝내주겠다고 하면서, 넉넉하게 1주일로 미루면서 말하기를, '이 양반은 그동안 약속을 지키지 못했으나 저는 한번 한다면 반드시 합니다. 저를 믿어주세요.'라고 했지 않은가?

그동안 그의 부인은 막무가내로 겁박하고 모욕하고 힘들게 하였지만, 자신의 요구가 관철되면 이내 자기가 한 말에 대해 사과도 하고 양해를 구했다. 하지만 그의 남편은 자기가 한 약속을 뒤집기 일쑤였고, 대답만 하고 실천하지 않은 전형적 거짓말쟁이었다.

그래서 반신반의하면서도, 그 부인이 약속을 지켜주기를 기대하고 있었지만, 그 기대가 여지없이 무너지고 말았다. 우리가 건네준 돈으로 다른 공사장의 일을 하고, 그 돈이 떨어지자 일손을 놓고 있는 듯하였다.

'그 사정을 생각하면 이해는 되지만, 어쩌면 사람들이 그럴 수가 있을까? 사람을 무시해도 유분수지. 정말 해도 너무 하지 않은가? 아들이 옆에서 쭉 지켜보고 있었는데, 그들 내외야 그렇다 치더라도, 아들에게 민망하지도 않을까?'

내 힘으로 어찌할 수 없는 현실 앞에서, 다시 주님께 하소연하게 되었다.

"주님, 어쩌면 사람들이 그럴 수 있습니까? 인두겁을 쓰고 어찌 그럴 수 있을까요?"

그때 야곱이 라반에게 당한 일이 생각났다.

"속임수의 대가로 불리던 야곱이 라반이라는 지존을 만나 대통 당했었지."

"예? 그렇다면 제가 야곱입니까?"

아, 그러고 보니 그동안 내가 얼마나 하나님을 속였던가? 수시로 일을 저질러 놓고 이렇게 말했었지.

'하나님 아버지, 이번만 도와주시면 다시는 일을 만들지 않겠습니다. 하나님께서 살아계시고 역사하심을 다시 한 번 보여주십시오.'

사실 그렇게 떼를 해서 그때마다 응답을 받았었지. 그리고 금세 까맣게 잊었었지. 이제까지 하나님 앞에서, 그렇게 한 속임수를 어찌 사람의 손가락으로 다 셀 수 있겠는가?

"오, 아버지 하나님이시여, 그 모든 일의 원인이 제게 있었습니다. 저로 하여금 하나님 앞에서 한 약속을 깨우치게 하시려고, 그야말로 뛰는 놈 위에 나는 놈을 붙여주셨던 것입니다. 야곱에게 라반을 붙여주신 것처럼 말입니다.

주여! 제가 정말 무지무지 잘못했습니다. 이 죄인을 용서하여 주십시오. 이 죄인을 고쳐주십시오."

이렇게 회개하면서도, 또 다른 속임수로 하나님을 기만하고 있지나 않은지 걱정이 되었다. (2013. 6. 6)

1235. 하숙집

어느 허름한 하숙집에 들어가 하룻밤을 잤다. 그런데 겨우 하룻밤을 잤을 뿐인데 나가라고 하였다. 짜증스러운 마음을 숨기지 못하고 문을 박차고 나왔다.

그때 먼저 묵고 있던 '수어지교'라는 친구가 참으라고 하였으나 오기를 부리고 바깥으로 뛰쳐나왔다. 야심한 밤이었다. 어디 가서 묵을까 생각하니 앞이 막막하였다. 지하철역을 찾아가 주변에 있는 고시원을 알아볼 수밖에 없었다.

그때 하숙집 주인아줌마가 보였다. 다시 방으로 들어가 말했다.

"오늘 밤만 여기서 묵고 내일 나가면 안 될까요?"

"죄송합니다. 지방에서 학생들이 올라오고 있어서요."

"나는 어제 들어와 겨우 하루밖에 안 되었어요."

"미안해요. 그래도 어쩔 수가 없어요."

"알았어요. 방값 42,000원은 이미 드렸어요."

"할머니께?"

"예."

"알았어요."

그리고 하숙집을 나오면서 다시 한 번 소지품을 살펴보았다. 아닌 게 아니라 선반에 내 옷이 걸려 있었다. 그런데 속에는 두꺼운 겨울 추리닝이, 겉에는 얇은 여름 추리닝이 있었다.

그 옷을 그대로 들고 나가려다 입고 나가는 것이 편할 것 같았다. 그래서 입고 있는 바지 위에 그 추리닝을 다시 입기 시작하였다. 그때 알람이 울렸다. 일어나 기도할 시간이었다. (2013. 6. 7)

1236. 난초

그때 생생한 환상이 눈앞에 아련하여 잠시 머뭇거렸다. 내가 좋아하는 연두색 줄이 그어진 난초가 보였다. 풍로에 바람을 불어넣듯 바람이 난초에 휘몰아쳤다.

그러나 난초는 조금도 동요하지 않았다. 바람이 불면 부는 대로, 흔들리면 흔들리는 대로, 자신의 온몸을 맡기고 있었다. 그야말로 무심무언하며 섭리에 순응하고 있었다. 내게 다가오는 감동이 있었다. (2013. 6. 7)

1237. 울화통

지난 3월에 전기 공사를 맡겼으나 보수 공사가 지지부진하여 마무리하지 못하고 기다리는 집사님을 찾아갔다. 너무 미안해서 우선 그 대금을 지급하려고 하였다. 그러나 집사님은 급하지 않다고 하였다.

거기서 그 집사님과 잠시 대화를 나누었다. 그는 나와 동년배였고 같은 장애인이었다.

"왜 빨리 끝내지 않죠?"

"어휴, 말도 마십시오. 내 나이 60이 되도록 그런 인간은 처음 봤습니다."

이야기를 나누다가 분통이 터져서 그들 부부에 대한 원망을 절제하지 못했다. 하나님께서 나를 훈련시키는 과정이라고 말은 하였으나, 이 말과 저 말이 다른 이중적 모습을 보였다.

그때 나 자신이 부끄럽다는 생각이 들었지만, 당초 20일이면 족하다던 공사를 72일째 하면서, 공갈과 협박까지 마다치 않는 그들의 모습이 떠오르자 울화통이 터졌다.

"이제는 그들에게 아무 말도 하지 못합니다. 워낙 막가파라서. 어떻게든 살살 달래는 수밖에 없어요. 아예 그들이 일을 포기하면 좋겠어요. 우리가 돈을 들여 새로 공사를 하는 일이 있더라도 말입니다. 너무 힘들고 지쳤어요. 사전에 기도하지 않고 섣불리 업자를 선택한 죗값이죠."

(2013. 6. 7)

1238. 참종

그리고 집으로 돌아와 점심을 먹고 잠시 눈을 붙였다가 꿈을 꾸었다.

예배를 드리고 있었다. 큰 예배당에 사람들이 가득 차 있었다. 맨 뒤에 앉아 앞쪽 강단을 보고 기도하였으나, 앞에 앉은 사람들의 뒤통수를 의식하였다.

서너 차례의 예배를 드리는 동안 내가 모두 기도하였는데, 이제까지 배운 신학적 지식과 목회 경험을 바탕으로, 최대한의 미사여구를 동원하여, 모든 사람이 듣고 감동하도록, 가능하면 거창하게 하려고 애를 썼다. 대체로 성공적이라는 생각이 들었다.

그런데 내 자세가 너무 이상하였다. 기도할 때는 앞을 보고 앉아 제대로 하였으나, 기도를 마치고 앉은 내 모습은 강단을 뒤로하고 창밖을 내다보고 있었다. 서너 차례의 예배를 연속해서 드렸으나 내 자세는 변하지 않았다.

오전에 있었던 집사님과의 대화가 뇌리를 스치면서 내 마음에 또 걸렸다. 모든 것이 내 불찰에서 비롯된 하나님의 징계라는 감동을 받은 것이 바로 오늘 아침이었지 않은가?

불과 한나절도 되지 않아 그 사실을 망각하고, 그들을 또 원망하였다. 말과 말이 다르고 행동과 행동이 다른 내 모습에, 나는 또다시 실망하지 않을 수 없었다.

"오, 주여! 이 종을 죽여주소서. 온전히 죽기 전에는 참종이 되지 못할 것 같습니다." (2013. 6. 7)

1239. 지하실

어느 음침한 지하실에 있었다. 금방이라도 사나운 악귀가 튀어나올 것만 같았다. 하지만 평소와 달리 나는 담대함이 있었다.

'그래, 나에게 담력이 필요해. 주의 종으로서 너무 약해. 악귀를 보면 단번에 물리쳐야 해.'

그리고 지하실 안에 있는 문을 활짝 열어젖혔다. 스산한 바람이 얼굴을 스쳤다. 소름이 쫙 끼쳤다. 너무 무서웠다. 무조건 도망쳐야 한다는 생각이 들었다.

계단으로 통하는 문을 열고 뒤로 힐끔힐끔 돌아보며 밖으로 나왔다. 하지만 악귀는 나오지 않았다. (2013. 6. 9. 주일)

1240. 증인

자전거를 타고 귀가하고 있었다. 택시가 따라오며 이상한 짓을 하였다. 고의로 내 자전거에 부딪히려고 했다. 그 낌새를 알아채고 나는 최대한 길가로 붙여 서행하였다.

그럼에도 택시가 요리조리 곡예 운전을 하면서 내 자전거와 접촉하려고 애썼다. 어쩔 수 없이 길가에 자전거를 세웠더니, 그들이 약간 지나쳐 차를 세웠다. 남자 2명이 다가와 억지를 부리기 시작하였다.

"자전거를 똑바로 몰아야지. 차에 기스(흠)가 났잖아? 어쩔 거야?"

"어디요?"

겁이 덜컥 났다. 또 걸려들어 어려움을 겪지나 않을지 걱정이 앞섰다. 하나님의 종이라는 사실을 인정받으려고 소리를 질렀다.

"내가 섬기는 하나님을 두고 맹세하지만, 나는 절대 부딪히지 않았습니다."

"그러면 이 기스는 뭐야?"

그리고 차에 난 흠집을 지적하였다. 그런데 순간적으로 그 흠집이 사라지고 보이지 않았다. 그들이 이리저리 왔다 갔다 하면서 다른 흠집을 찾으려고 하였으나 그 어디에도 흠집이 없었다. 오래전에 슬쩍 긁힌 자국도 없었다. 그러자 그들이 말꼬리를 흐렸다.

"운전을 제대로 해야지."

그때 언제 다가왔는지 내 옆에 '최종 규범'이라는 친구가 서 있었다. 그들은 내게 증인이 있다는 사실을 알고, 다시 차를 타고 떠나갔다. (2013. 6. 9. 주일)

1241. 개와 돼지

개 1마리와 돼지 1마리를 끌면서 어느 골목길을 지나가고 있었다. 커브 길을 돌아갈 때 그들이 갑자기 설치기 시작하였다. 내가 질질 끌려가다 겨우 멈춰 섰다.

그때 개와 돼지를 묶은 끈이 한 작은 기둥에 탱탱 감겨 있었다. 주둥이까지 감겨 숨도 제대로 쉬지 못했다. 그래서 끈을 풀어주자 개가 큰 쥐를 1마리 물고 있다가 토해냈다.

그리고 옆에 있는 돼지가 먹을까 싶었는지 얼른 다시 물어 한두 번 지근지근 씹더니 삼켜버렸다. 그 모습을 보고 속으로 생각했다.

'개가 돼지보다는 조금 낫군.' (2013. 6. 9. 주일)

1242. 사명

새벽 3시에 일어나 기도하였다. 주님의 위로를 기다리며 마음을 추슬러 보았으나 안정이 되질 않았다. 오늘 예배를 제대로 드릴 수 있을까 걱정이 되어 평소보다 조금 일찍 일어났다.

그 원인은 우리 집 공사를 맡은 사람이 돈만 받아가고 3개월 가까이 방치하고 있었기 때문이다. 더 이상 어쩔 수가 없어 우리가 직접 공사를 시작하였다.

모래와 시멘트 등의 자재를 들여놓고, 인력 사무소를 통해 인부를 사서 미장을 하였다. 하지만 무지막지한 그들이 또 무슨 시비를 걸지 몰라 걱정이 되었다.

철석같이 약속하여 잔금까지 주었지만, 선을 악으로 갚는 그들이 정말 징그러웠다. 더 이상 사탄의 농단에 걸려들지 않으려고 수시로 교회당을 찾아 기도하였다.

오전 7시쯤에 잠시 누웠다가 환상을 보았다. 어느 산기슭에 개울물이 흐르고 있었다. 개울 복판에 바위가 있었다. 그 바위를 사이에 두고 물이 두 갈래로 갈라져 흘렀다.

하지만 그 바위가 징검다리 역할을 하지는 못하였다. 그 폭도 넓고 물살도 빨랐으며, 이끼가 많이 끼어 미끄러웠기 때문이다.

그때 내 모습을 보았다. 내가 개울을 가로질러 쭉 엎드려 있었다. 개울 복판의 바위 위에 내 배가 얹혀 있었고, 내 다리는 이쪽 언덕에, 내 팔은 저쪽 언덕에 걸쳐져 있었다.

그러니까 내 몸이 개울을 건너는 다리였다. 아닌 게 아니라 사람들이 내 다리와 등과 팔을 밟고 개울을 건너가고 있었다. 그런데 그것이 내 사명인 양 느껴졌다.

"오, 주여! 저 하나 희생으로 다른 사람들이 어려움을 벗어난다면, 그 또한 주님의 십자가를 지는 것이겠지요." (2013. 6. 23. 주일)

1243. 이웃 아저씨

어제저녁 7시, 저녁예배를 막 드리려고 할 때 이웃집 아저씨가 술이 잔뜩 취해서 찾아왔다. 잠시 후 그의 부인도 뒤따라왔다. 평소 알고 지내는 사이라 함께 예배를 드리자고 권하였다.

그들이 예배당으로 들어와 자리에 앉았다. 그때 다리와 눈에 장애가 있는 청년도 있었는데, 그와도 인사하고 함께 예배를 드리게 되었다.

하지만 만취한 그는 자기 말만 하고 예배에는 관심이 없었다. 이리저리 돌아다니며 횡설수설하는 바람에 예배를 드리기가 어려웠다.

그러다가 그가 청년 옆에 가서 어깨를 두드리며 뭐라고 하였다. 청년이 참다못해 벌떡 일어나더니, 그의 멱살을 잡고 욕을 하며, 성경을 집어 던지고, 흥분하여 난동을 부리기 시작했다. 예배는 고사하고 금세 난장판이 되고 말았다.

자매가 청년을 밖으로 데리고 나가서 끌어안고 타이르는 사이에 그들 부부를 집으로 돌려보냈다. 그리고 청년을 교회당으로 데리고 돌아와 기도하였다.

청년이 다리가 아프다고 하면서 걷지를 못했다. 자매와 함께 그의 양쪽 다리를 하나씩 잡고 간절히 기도하였다. 그러자 청년이 펑펑 울기 시작하였다. 한참 후 청년이 일어나 걸었다.

그를 데리고 시내로 가서 저녁을 먹으며 달랬다. 청년을 집에 데려다 주고 이웃집 그 아저씨를 찾아갔다. 우리 교회에서 일어난 급작스러운 일로 놀라게 해서 미안하다고 사과를 하였다.

그리고 오늘 새벽 3시에 일어나 교회당으로 나갔다. 잔뜩 취해서 한 말이었지만 그가 내일 새벽 3시 반에 교회에 나온다고 하였기 때문이다. 그러기를 벌써 몇 번째였다.

그래서 오늘도 일찍 일어나 불을 켜고 기다렸지만, 아직까지 그 약속을 지키지 않았다. 하지만 성령께서 우리와 그를 동시에 인도하시는 것으로 알고 감사하였다.

하지만 요즘 들어 계속 어려움이 미치므로 낙심이 되었다. 그때 말씀이 다가왔다. 항상 레마(rhema)의 말씀으로 나에게 임하시는 주님이 너무 감사했다. (2013. 6. 24)

네가 사람과 달리기를 해도 피곤하면, 어떻게 말과 달리기를 하겠느냐? 네가 조용한 땅에서만 안전하게 살 수 있다면, 요단강의 창일한 물 속에서는 어찌하겠느냐? (예레미야 12. 5)

1244. 완벽한 평화

새벽녘에 의미심장한 꿈을 꾸었다. 어느 성 난간 위에 누워 있었다. 바깥을 보니 천 길 낭떠러지였고, 안쪽은 응급실이었다. 분주히 오가는 간호사들과 간이침대에 누운 환자들이 보였다. 무슨 전쟁을 하거나, 아니면 갑자기 무슨 사고를 당한 듯하였다.

그때 내 시간이 다 된 줄 알고 옆에 있는 간호사에게 말했다.

"이제 나를 편히 죽게 해주세요. 저 낭떠러지로 떨어지면 힘들게 죽을지 모릅니다."

그러자 간호사가 서슴없이 대답하였다.

"예, 그렇게 하세요. 대부분이 그래요."

그리고 나에게 무슨 약을 주며 말했다.

"이걸 드세요. 그래야 고통을 덜 수 있어요."

간호사가 주는 약을 보니 무슨 젤리처럼 보였다. 주먹만 한 덩이를 손가락 크기로 잘라서 접시에 담아주었는데, 붉은색을 띠고 찰기가 있었다. 의식이 있을 때 얼른 몇 조각을 주워 먹었다.

그리고 얼마의 시간이 지났는지 몽롱한 상태에서 주변을 둘러보았다. 모든 기록물에서 내 이름이 지워지고 있었다. 대신 나에게 무슨 번호가 주어졌다. 의학적으로 내 몸이 사망하여 그 절차가 진행되고 있었다.

그 순간 참으로 평화로운 기운이 나를 감싸주었다. 살아생전의 모든 욕심이 사라지고, 완전한 자유와 완벽한 평화가 임함을 느꼈다. 그때 주님의 말씀이 들려왔다.

"너희에게 평화가 있기를!"

그래서 나도 모르게 대답하였다.

"아멘! 주 예수여, 어서 오소서!"

오늘 이렇듯 죽음에 대하여 참으로 놀라운 경험을 하였다. 죽음은 새로운 시작일 뿐이었다. 죽음은 하늘 곡조에 맞춰 은은하게 들려오는 평화의 노래였다. 고통의 바다가 결코 아니었다. 두려움의 대상은 더더욱 아니었다. (2013. 9. 5)

1245. 고추와 농약

어제 낮이었다. 자매가 손바닥으로 내 팔을 쓰다듬으며 말했다.

"이게 내 손이에요."

그리고 보여주는 손바닥을 보니 손바닥 전체가 허물이 벗겨져 말이 아니었다.

"아니, 내 손가락도 그런데? 여길 봐."

하면서 오른쪽 손가락을 보여주었다.

"음, 비타민 C가 부족한 증상이야."

자매가 말했다.

"내 평생 이런 경우는 처음이에요. 고추 다듬고부터 그런 것 같아요."

그리고 새벽에 기도할 때 어제 본 환상이 떠올랐다. 문제는 고추였다. 주먹만한 붉은 젤리는 고추장이었고, 손가락처럼 잘라놓은 것은 마른 고추였다. 그 고추가 손바닥을 그렇게 만들었다.

자매가 서울에 있는 큰 교회 전도사의 소개로 해마다 고춧가루를 보내주었다. 그런데 그것을 받고 색깔이 좋다고 하면서 추가로 주문했다. 그래서 고추를 100근 더 사다가 다듬었다.

그런데 그 고추를 다듬은 손이 검정 덩어리가 되었다. 고추를 잡은 왼쪽 손가락 끝 마디가 쓰리고 아파서 반창고를 붙였다. 그러다가 둔함을 감수하며 장갑을 끼고 가위질을 하였다.

곰곰이 생각하니 건조기에 문제가 있는 것으로 보였다. 건조기에서 그을음이 나와 그렇게 된 것으로 생각하고, 자매에게 단단히 일러주었다.

"사람이 그대로 고춧가루를 먹잖아? 물로 씻든지 깨끗이 닦아서 빻도록 해."

그리고 오늘 기도하면서 보니, 그 원인이 그을음 정도가 아니었다. 문제는 농약이었다. 고추는 병이 많아 친환경이 불가능하다. 농약도 한두 번 치는 것이 아니다. 생각만 해도 끔찍스러웠다.

사실 고추를 다듬었다고 손바닥이 홀랑 벗겨질 정도라면, 사람의 뱃속에 있는 위장은 어떻게 견딜 것인가? 그래서 내가 죽었다. 자매에게 다시 한 번 깨끗이 하라고 당부하였다.

"그 고추에 농약이 묻어 있는 것으로 보이니, 철저히 씻거나 닦아서 빨도록 해. 생사람 잡을 수도 있어."

"물수건을 빨아가며 잘 닦았어요."

"아직도 남았나?"

"예."

"정말, 정말 잘 닦아야 해."

"예." (2013. 9. 6)

1246. 어긋난 굴레

낯선 전화가 왔다. 횡설수설하며 무슨 말을 하는지 도무지 알아들을 수가 없었다. 그래서 정중하게 말했다.

"전화를 잘 못 거신 것 같습니다."

"교회 목사 아니오?"

"맞는데 어디십니까?"

"여기 ○○건설인데, 왜 내 돈 안 주는 거야?"

"아, 예. 그런데 무슨 돈을요? 약속도 지키지 않고 일도 안 해서 부득이 우리가 생돈 들여 공사하고 세를 놓았는데요?"

"세를 놔? 누구 맘대로 세를 놔?"

"도대체 또 뭘 원하는 겁니까?"

"공사비를 줘야지."

"공사비요? 우리가 150만 원 넘게 들여 직접 했습니다."

"화장실 창문은 우리 차에 있으니 그걸 달아주면 되고, 물받이 공사비만 빼고 줘야지."

"물받이 공사비만 해도 견적서에 80만 원 아닙니까?"

"새집 지었소? 헌 집 아니오? 그동안 바뀐 것이 얼만데."

"그래서 추가로 500만 원이나 더 주었지 않습니까?"

"씨X, 독박 한번 쓸 거야? 정말 내 돈 못 주겠다는 거야?"

참으로 어처구니가 없었다. 아닌 밤중에 홍두깨도 유분수지. 느닷없이 정말 기가 막혔다. 남은 돈 80만 원보다 일할 것이 더 많으니 포기하였다가, 돈이 궁해지자 협박하는 것이 분명하였다.

단단히 각오한 듯 반말에, 욕지거리에, 심장이 두근거렸다. 어쩔 수 없다는 생각에 또 양보하기로 하였다.

"이보세요, 당신네 돈 1원 한 푼도 안 줄 생각이 없으니 계산서나 뽑아서 가져오세요."

그러자 먹잇감이 쉽게 걸렸다는 듯 저들끼리 서로 뭐라고 쑥덕거렸다. 흥분하여 미처 전화를 끊지 않은 듯 그 소리가 한참 이어졌다. 다름 아닌 지난 3월, 연평 주택 보수를 맡은 그들 가족이었다.

그동안 그토록 애를 먹이다가, 잔금을 미리 달라고 해서 80만 원만 남기고 다 주었더니, 결국은 공사를 하지 않아 우리가 마무리했지 않은가?

견적서에 기록된 물받이 공사도 하지 않고, 변기와 거울 등 화장실 설비, 부엌 미장, 벽 패널 설치, 굴뚝, 문짝, 마당 시멘트, 자재 쓰레기 등 공사를 하다가 중간에 그만두었지. 부득이 우리가 직접 인부를 사서 1주일 동안 하였지 않은가?

그리고 지난 5월 말, 잔금 280만 원 중에서 200만 원을 미리 주면 3일 내로 나머지 공사를 마무리한다고 하였지. 그동안 거짓말을 밥 먹듯 하여 100% 믿지는 않았지만, 이번에는 그의 부인이, 그것도 그들의 아들이 보는 앞에서, 철석같이 다짐하여 혹시나 하였지.

'나는 한다면 합니다. 반드시 합니다. 이 사람과 다릅니다. 지금 200만 원만 주면 내일부터, 아니 오후부터 당장 공사를 시작합니다. 3일이면 되지만 넉넉하게 1주일 시간을 주세요. 1주일로 정하고 3일 만에 끝내주면 더 좋잖아요, 안 그래요?'

그런데 전화하면 안 받고, 만나면 인상 쓰고, 욕지거리에 협박까지, 어쩌면 부부가 그렇게도 같은지. 이제 더 이상 상종하지 않으면 되겠지 하면서, 아무 말도 하지 않고 포기했었지.

하지만 그들은 남은 잔금 80만 원보다 공사비가 더 많이 든다는 사실을 알고, 한 달 가까이 공사를 하지 않았고, 공사장은 쓰레기더미에 잡초까지 우거지고 말았지.

이웃 보기에 민망하여 더 이상 두고 볼 수 없었지. 그런 사람에게 돈을 미리 주면 공사를 하지 않는다는 얘기를 수차례 듣고도, 그 아들이 안쓰러워 결국은 주었지.

기다리다 못해 우리가 직접 사람을 사서 공사를 마무리하고, 7월 말에 세를 놓았지. 그런데 이제 와서 그 돈을 내어놓으라니, 정말 백 없고 힘 없는 내가 원망스러웠다.

교회당에 들어가 기도할 수밖에 다른 위로를 받을 수가 없었다.

"오, 주여! 오늘도 제가 부당한 압제를 받고 있사오니 저를 도와주소서!"

그러자 시므이가 다윗을 저주할 때, 다윗이 성령의 감동으로 한 말이 생각났다.

'주님께서 그에게 그렇게 하라고 시키신 것이니, 그가 나를 저주하게 내버려 두시오.' (사무엘하 16. 11)

나의 부덕하고 부족한 부분을 바로잡아 주시려고 주님께서 나에게 주시는 고난이라면, 그것이 나에게 유익이 아니고 무엇이겠는가?

"오, 주여! 그렇습니다. 공사비가 100만 원 더 들어간 것으로 생각하고, 그들에게 현금서비스를 받아 갖다 주겠습니다. 다만 공사비를 100% 수령했다는 영수증만은 확실히 받고 주겠습니다. 나중에 또 돈을 요구할지 모르기 때문입니다."

그러자 두근거리던 가슴이 안정을 되찾았다. 그때 하나님의 말씀이 내게 임하였다.

'그가 능욕하고 훼방한 것은 나에게 한 것이다.' (2013. 10. 10)

1247. 생명의 손길

깊은 수렁에 빠진 사람들을 구하려고 혼신의 힘을 다했다. 기진맥진한 상태에서 보니, 또 한 사람이 사탄의 올무에 걸려 죽어가고 있었다.

천하보다 귀한 생명을 구하느라 정신없이 바쁜 시간을 보냈다. 그러다

보니 죽어가던 내 영혼이 치유되었고, 나를 비롯하여 3명이 자유를 누리게 되었다.

사무실 뒤편, 곧 내 책상 뒤쪽에 서서 주변을 살펴보았다. 내 뒤편 구석방에 가지런히 놓인 두 팀장의 책상이 있었고, 내 책상 왼편과 오른편에도 두 팀장의 책상이 가지런히 놓여 있었다.

그리고 그 중앙에 내 책상이 따로 떨어져 있었다. 크기는 모두 비슷하였으나 팀장들의 책상은 철제로 밋밋한 반면, 내 책상은 고동색 가구에 다소간의 무늬가 새겨져 있었다.

또 내 책상 위에 책꽂이가 놓여 있었는데, 읽기 쉽고 이해하기 쉬운 어린이 책 서너 권이 왼편 칸에 꽂히는 모습과 크고 작은 국어사전 네댓 권이 가운데 칸에 꽂히는 모습이 보였다.

눈에 보이지 않는 어느 분의 손길에 의해 그 책들이 가지런히 꽂히고 있었다. (2013. 11. 22)

1248. 희망의 아침

2014년 새해 첫 주일 새벽에 꿈을 꾸었다. 어느 도시에 있는 아파트를 방문하여 예배드렸다. 아버지를 비롯하여 가족들이 둥근 상에 둘러앉아 있었다. 아이들이 떠들며 뛰어다니는 바람에 분위기가 어수선하였다. 예배를 드리는 사람들까지 산만하였다.

"여러분, 조금만 기다리십시오. 몇 마디만 하고 금방 마치겠습니다."

그리고 마지막 메시지를 전한 다음에 기도하고 예배를 마쳤다. 아이들이 있는 옆방으로 갔다. 이불을 덮고 누워 있는 한 아이가 이상했다. 마치 마네킹 머리를 베게 위에 삐딱하게 올려놓은 듯하였다.

그런데 그 아이가 불평을 늘어놓았다. 아이들을 꾸짖으러 들어갔다가 오히려 책망을 받고 나왔다. 어떻게 보면 딸 같기도 하고, 어떻게 보면 아들 같기도 하여 양심의 가책을 느꼈다. 그냥 나오려고 하다가 혹시나 싶어 물어보았다.

"너는 누구냐?"

"아름다운 영, 새 아름다운 영"

"새 아름다운 영? 그렇다면?"

가족 중에 생각나는 이름이 있어 깜짝 놀랐다. 그래서 거실로 나왔다. 그때 오래전 개척교회에서 함께 신앙생활을 하던 집사님이 아기를 업은 한 자매와 함께 찾아왔다.

그 집사님은 '빛나는 영'이라는 이름을 가진 자매였다. 평소 매우 밝고 쾌활하였다. 그 자매가 부엌에 있는 한 자매와 대화를 나누었다.

"잔치가 연기되었다고 하네."

그리고 나를 보더니 말했다.

"우리, 기도나 받고 가자."

그래서 왼팔에는 그 집사님을, 오른팔에는 아기를 업은 그 자매님을 끌어 앉고 기도하기 시작했다.

"2014년 새해에는, 예수님의 마음으로, 더 밝고 맑고 따뜻하게, 그리고 새롭게 살아가기를 기도합니다. 아멘"

그리고 현관에서 신발을 신으려고 하였는데, 미처 생각지 못한 일이 생겼다. 접은 가랑이 속에 흙이 잔뜩 들어 있어 거꾸로 엎드려 한참을 씨름하였다.

가랑이뿐만 아니라 신발 속에도 흙이 있어 거꾸로 들고 탁탁 털었다. 집사님이 내 뒤에 서서 지켜보다가 웃으며 한마디 하였다. 그래서 내가 말했다.

"도시 사람들은 이해가 되지 않겠지만, 농촌 사람들은 이런 일이 다반사야. 안 그래?"

그리고 밖으로 나왔다. 양쪽 다 털려면 시간이 오래 걸릴 뿐만 아니라, 남의 집 현관에 흙을 털기가 민망하였기 때문이다. 그래서 왼쪽만 안에서 털고, 밖으로 나와서 오른쪽을 털었다. 오른쪽 가랑이와 신발 속에는 감각이 없어 더욱 많은 흙이 들어 있었다.

그렇게 양쪽 가랑이와 신발 속에 들어 있는 흙을 다 털었더니, 걸음걸이가 한층 가볍게 느껴졌다. (2014. 1. 5. 주일)

1249. 뿌림의 영성

아바타(avatar)처럼 생명 없는 내 옛사람이, 어느 밭에 '물산'이라는 씨를 뿌리는 모습이 보였다. 그런데 그 앞에 누렇게 익은 곡식이 낫을 기다리며 바람에 흔들리고 있었다.

그리고 보니 씨를 뿌리면서 추수하고, 추수하면서 씨를 뿌리는, 이모작이나 그 이상 여러 차례에 걸쳐 경작하는 듯하였다.

어느 사무실에서 근무하다가 갑자기 더워진 날씨에 러닝셔츠만 입고 밖으로 나갔다. 사무실 뒤편에 있는 아치형 다리를 건너 산으로 올라갔다.

오솔길을 따라가다가 작은 개울을 만났다. 그때 한 친구가 뒤따라와 구두를 신은 채 개울로 들어가더니 첨벙첨벙 걸어갔다. 그 모습을 보고 나도 개울로 들어가 그렇게 걸어갔다. 너무 멀리 올라간 듯싶어 이제 그만 내려가자고 하였다.

그런데 올라온 길은 좁고 험하여 개울을 따라 내려가기로 하였다. 그래서 그 친구는 개울을 따라 물속으로 내려갔고, 나는 개울가 오솔길을 따라 내려갔다.

처음에는 길이 험하더니 조금 더 나아가자 완만한 내리막에다가 길도 반들반들하여 미끄러지듯이 쉽게 내려갔다. 그때 나는 자전거를 타고 있었다.

산 아래까지 거의 다 내려갔을 때 작은 터널이 나타났다. 터널 끝에는 사람이 엎드려서 겨우 빠져나갈 공간이 있었다. 먼저 자전거를 접어서 밖으로 밀어내고, 누워서 겨우 그곳을 빠져나갔다. 시야가 탁 트여 좋았으나 왼쪽에는 절벽이, 오른쪽에는 강이 있어 그곳을 벗어날 길이 보이지 않았다.

그때 사람들이 절벽에 등을 붙여서 한 발짝 한 발짝씩 게걸음으로 지나가고 있었다. 다행히 절벽에 발 넓이 정도의 난간이 이어져 있었다.

그래서 우리도 절벽을 등지고 조심조심 옆으로 걸어가기 시작했다. 자전거를 들고 가려고 하였으나 여의치 않아 옆에 두고 우선 몸만 빠져나갔다. 그렇게 강을 건넜다. 누가 강물 속으로 들어가 절벽 위에 놓인 내 자전거를 가지고 나와 건네주었다.

얼마 후 저 멀리서 돛단배처럼 보이는 배 너덧 척이 고기를 잡고 있었다. 큰 거물을 매단 작은 거룻배였다. 반두처럼 그물을 펼쳤다가, 고기가 들면 들어 올려 밖으로 끌고 나오는 방식이었다.

마침 그 배 가운데 하나가 그물을 끌고 내가 서 있는 곳으로 나왔다. 그물 속을 보니, 큼직큼직한 고기가 다양하게 들어 있었다. 배 몇 대에 채우고도 남을 많은 양이었다.

그리고 다시 밭이 보였다. 이번에는 '온산'이라는 씨가 온 밭에 뿌려지고 있었다. (2014. 1. 20)

1250. 프러포즈

얼마 전 '변호인' 영화를 보고 눈물이 흘렀다. 정치인에 대한 혐오감이 나를 짓눌렀다. 정치인과 그 수하들의 행태를 생각하니 분노가 치밀어 올랐다.

그런데 속으로는 정의감과 의협심에 불탔으나 내게는 가당찮은 일이었다. 내 힘으로 그들을 조금도 개선할 수 없었고, 어찌할 방법도 없었기 때문이다.

오히려 내 머리만 어지럽혀 4복음서 통합이라는 주님의 사명을 방해할 뿐이었다. 그래서 자다가 말고 벌떡 일어나 회개하게 되었다. 그때 성령님이 강하게 도와주셨다.

"오, 주여! 그렇습니다. 정치, 경제, 사회, 문화, 군사, 연예, 오락, 스포

츠 등, 그 모든 일에 무심무언하고 무능무전하기를 원합니다. 섭리에 순응하고 이웃을 이해하며 자신에 순수하기를 원합니다. 아울러 무 유골 무 유품 무 유산을 실천하게 하소서."

이렇게 기도하자 한결 머리가 가볍고 평안하여 단잠을 잘 수 있었다. 그런데 꿈에 사탄이 나타나 시험하였다.

'광명 도래'가 찾아와 어디론가 함께 가자고 했다. 내가 미적거리자 근육질 팔뚝을 쭉쭉 뻗치며 자기 힘을 과시하였다. 그와 함께 밖으로 나갔다.

그런데 내 구두 한 짝이 없었다. 신발장을 한참 뒤지다가 겨우 찾았다. 왼쪽 구두 바로 옆에 오른쪽 구두가 나란히 있었으나, 다른 사람의 구두 한 짝이 내 오른쪽 구두 위에 얹혀 눈에 띄지 않았던 것이다. 누군가 일부러 그렇게 한 것으로 보였다.

그리고 구두를 신으려고 바닥에 내려놓고 보니, 그 모양이 너무 이상하였다. 평소와 달리 지나치게 맥이 없었고, 너무 낡아 찌그러져 있었으며, 까만 구두에 운동화 자주색 끈이 매여져 있었다.

그런데 느슨하게 풀린 끈 속에 노란 메모지가 끼어 있었다. 꺼내 보니 글씨는 초등학생 수준이었으나 내용은 참으로 순수하고 감동적이었다. 내 생애 처음으로 받아본 프러포즈(propose)였다. 그 마지막 부분이 이렇게 씌어 있었다.

"대전으로 내려가면 당분간 못 볼 것 같아요."

그때 '광명 도래'의 말을 들어보니, 그 자매는 30세였고 아담한 체격에 얼굴도 예쁘고 물려받은 재산도 많았다. 그 말을 듣고 나는 더욱 가슴이 벅차올랐다.

그리고 나는 어느 학교에서 열심히 일했다. 교실 밖 운동장에서는 교장 선생님이 이것저것 살피며 일하는 모습이 보였다.

어느 날 교장 선생님이 나에게 전화를 받으라고 소리쳤다. 그래서 교무실로 가서 전화를 받았더니 나에게 프러포즈한 그 자매였다. 그동안 나는 일에만 몰두하여 그 자매를 잊고 있었다. 미안한 마음이 들었다. 자매가 말했다.

"바쁘시면 점심시간에 다시 전화해주세요."

나는 마음이 들떠서 가슴이 두근거렸다. 그런데 그 순간 꿈에서 깨어나 너무 아쉬웠다. 게다가 내가 30대 초반의 청년이 아니라, 60을 바라보는 영감탱이라 더욱 실망했다.

'이게 어찌 된 일인가? 내가 언제 나이를 이렇게 먹었지? 아, 그러고 보니 내 딸 또래의 자매가 아닌가? 어찌 가당하겠는가?'

그래서 나는 내 인생 일대에 가장 큰 실망을 하게 되었다. 그런데 정신을 차리고 보니 뭔가 이상했다. 광명한 천사의 모습으로 가장하고 다가온 사탄이 나에게 시험한 것으로 보였다.

깨끗한 마음으로 주님의 사역에 전념하려는 나를 훼방하려고 사탄이 술수를 부렸던 것이다. 새벽에 기도하면서 회개하고 다시 마음을 가다듬었다.

"부질없는 정의감과 의협심을 미끼로 내 인생을 좀 먹게 만들려는 더러운 종자야, 썩 물러가라! 다시는 내 생각을 사로잡지 마라!"

그때 복음서의 장(章)과 같은 77번과 78번, 그리고 79번의 숫자가 잇따라 보이며 그 옆에 쓰인 제목도 보였다. '에세스(assess)'였다. 사전적 의미는 '평가', '예측', '산정' 등이었다. 하나님께서 나 또는 내 일을 79번째 평가하여 사명을 부여한다는 의미로 다가왔다.

이후 세상일, 특히 정치에 대한 부질없는 정의감과 의협심이 사라지고, 은혜로운 주님의 말씀으로 내 생각이 채워짐을 느꼈다. (2014. 1. 26. 주일)

1251. 겸손의 향기

거래처의 접대로 광란의 밤을 보내고 출근한 직원들이, 자랑삼아 떠들어대는 음담패설이 듣기 싫어 사무실을 빠져나왔다. 특별히 볼일은 없었으나 본관에 있는 행정계에 들렀다. 그런데 사무실이 유치원으로 바뀌어 있었다.

"행정계가 어디로 갔나요?"

"글쎄요? 10층으로 갔을까요?"

본관 10층은 새로 신축한 사무실이었다.

유치원을 나와 경리계로 발길을 옮겼다. '재물 사용'이라는 동창생이 보여 인사했다.

"그동안 잘 지냈지?"

"응, 그런데 마침 잘 왔어. 이리 와봐. 사람들이 보고 있어 민망하니 이쪽으로 와."

그러면서 창가에 있는 책상 안쪽으로 돌아가더니, 두툼한 돈다발을 꺼내 10만 원을 세어주었다.

"이게 뭐야?

"응, 감사 표시야."

그러고 보니 얼마 전 그가 부친상을 당했을 때, 부조한 사람들에게 감사의 표시로 얼마씩 되돌려주고 있었다. 나만 받지 않겠다고 할 수가 없어 받기는 하였으나, 부조한 돈에 비해 너무 많은 돈이라 양심의 가책이 되었다. 그래서 그의 책상까지 따라가 가만히 말했다.

"5만 원만 받으면 안 될까? 양심의 가책이 되어서."

"20만 원 부조하지 않았어?"

"아니, 15만 원만 했어."

그러자 그가 고개를 끄덕이며 받았다. 그런데 뭔가 이상했다. 분명히 10만 원을 받아 5만 원을 돌려주었는데, 봉투가 두툼하여 그대로 10만 원은 되어 보였다.

그리고 밖으로 나오면서 말했다.

"모두 수고하세요."

그런데 사람들이 부동자세로 가만히 서 있었다. 어리둥절하여 살며시 문을 열고 나갔더니 국기를 게양하는 시간이었다. 그런데 흘러나오는 음악은 애국가가 아니었다.

그러고 보니 실제로 얼마 전에, 그 친구가 부친상을 당하여 내가 문상을 하였으며, 그때 여비라고 주는 봉투를 가까운 데서 왔다고 사양하였다. (2014. 1. 26. 주일)

- 이어서 『예스 9, 기쁨의 향연』이 계속됩니다. -

과 전기톱 1166. 수입 부침개 1212. 수족관 낚시 1213. 순교자 심정 1143. 신비한 손길 1195. 쌍무지개 1221. 쓴 뿌리 1182. 씀씀이 경고 1218. 씻어나 보자

에스 1,

휴먼 드라마

제1편 **인간 이야기**

제2편 **모정의 세월**

제3편 **숙고의 시간**

제4편 애증의 물결

제5편 무지개 은혜

제 2,

소망의 불씨

제6편 새로운 시작

제7편 죄인의 초대

제8편 소망의 불씨

제9편 **쇠잔한 영혼**

제10편 **절망을 딛고**

예는 3,

밀알의 소명

제11편 끝없는 시련

제12편 길은 어디에

제13편 **도피성 예수**

제14편 **밀알의 소명**

제15편 눈물의 기도

제16편 **흙탕물 정화**

제17편 **희망의 나래**

제18편 **바람의 언덕**

제19편 **시련의 축제**

제20편 **사랑과 용서**

예스 5,

광야의 단비

제21편 갈급한 심령

제22편 요한의 노래

제23편 반석을 위해

제24편 맘몬의 노예

제25편 **광야의 단비**

제26편 **반잔의 생수**

제27편 **연민의 강물**　　　　　　　　/ 043

제28편 **지혜의 향기**

제29편 **은혜 나누기**

제30편 **비움의 영성**

메모 7,

자유의 다리

제31편 고요한 바다

제32편 사랑의 온도

제33편 **인생 조각보**

제34편 **자유의 함성**

제35편 그리움 그림